ドラゴンゲートでのデビュー（2004年10月3日・博多スターレーン）直前、週刊プロレスでの特写

ドラゴンゲート時代から、傍若無人のパワーファイターとして異彩を放っていた（写真は2008年7月27日・神戸ワールド記念ホール、B×Bハルク戦）

（右）ドラゴンゲート時代、同期のB×Bハルクと激しいライバル闘争を繰り広げた（写真は2008年7月27日・神戸ワールド記念ホール、オープン・ザ・ドリームゲート王座戦）
（左）大先輩の「CIMAさん超え」はドラゴンゲート時代の大きなテーマだった（写真は2013年7月21日・神戸ワールド記念ホール、オープン・ザ・ドリームゲート王座戦）

天龍源一郎さんには心から尊敬の念を抱いている。天龍さんがドラゴンゲートの顧問に就任したため、2005年11月4日・大阪府立体育会館・第2競技場で一度だけ対戦する機会を得た（タッグマッチ）。試合後、天龍さんから「怖いもの知らずで馬力がある。ドラゴンゲートにはいないタイプ」との評価をいただいた

少年時代からの憧れだった大仁田厚さんとの闘いも叶った（2014年5月11日・アイメッセ山梨）

プロ入り前から浜口ジムで同じ釜の飯を食った内藤哲也とは、過去も未来も切磋琢磨し続ける間柄だ（写真は2019年8月4日・大阪府立体育会館、シングル初対決）

魂と魂をぶつけ合うような熱い「闘い」こそが、俺が求めているプロレスだ

ドラゴンゲートの最高峰オープン・ザ・ドリームゲート王座を4度戴冠。団体のトップに君臨した（写真は2008年7月27日・神戸ワールド記念ホール、B× Bハルクを破り初戴冠）

新日本プロレスマットではIWGP世界ヘビー級王者に上り詰めた（写真は2021年7月25日・東京ドーム、棚橋弘至からベルトを守った初防衛戦）

第3代 IWGP世界ヘビー級王者
時代の特写（2021年6月14日）

鷹木信悟自伝

我道驀進《がどうばくしん》

新日本プロレス
鷹木信悟

鷹木信悟自伝　我道驀進
もくじ

3章 〝闘い〟が欲しくてたまらない！

4章 悠長なことを言ってられない。爆走あるのみ！

新天地・新日本でチャンスをつかみまくる

5章 プロレスラーは強くて、ゴツくて、凄いんだ！……187

IWGP世界ヘビー級王座到達とプロレス大賞MVP受賞

6章

我道《が》《ど》《う》驀《ば》《く》進《し》《ん》！ 自分の道を突き進む！……227

まだまだ食い足りないプロレス人生

編集　本多誠（元『週刊プロレス』編集長）
鈴木佑
市川亨
スタジオ撮影　菊田義久
デザイン　間野成（株式会社間野デザイン）

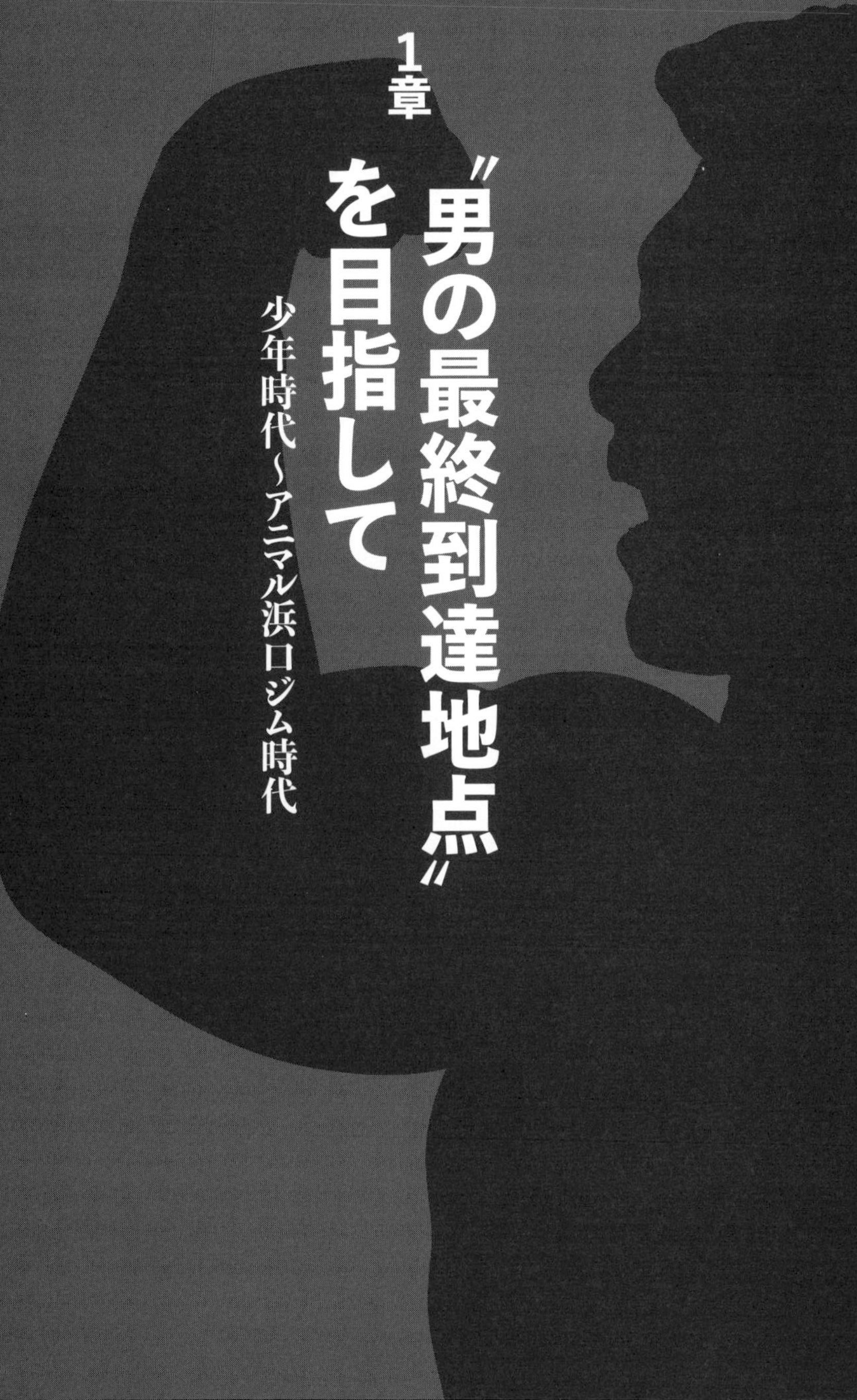

1章 〝男の最終到達地点〟を目指して

少年時代〜アニマル浜口ジム時代

ジャイアンとしんちゃんを足して2で割った子ども

「アイツは昔から『ドラえもん』のジャイアンと『クレヨンしんちゃん』の野原しんのすけを足して2で割ったような性格だった」

俺は1982年11月21日、山梨県の中巨摩郡《なかこまぐん》（現在の中央市）で生まれた。家を出れば目の前には田んぼが広がり、近くには山梨の甲府駅と静岡の富士駅を結ぶ、身延線《みのぶせん》という2〜3両編成のローカル線が走る。そして見上げた先にそびえ立つのは雄大な富士山。そんな自然に恵まれた環境の中で、俺は高校を卒業し上京するまでの時間を過ごした。

少年時代の俺は一言で表せば自由奔放、悪く言うなら傍若無人。冒頭の一文は昔からの友人が俺を表現した言葉だ。たしかに俺は自分でも絵に描いたようなガキ大将だったと思う。〝三つ子の魂百まで〟のことわざどおり、その頃からリング上で暴れまわる姿の片鱗があった。

だが、生まれたときの俺は体重が2600グラムと出生児の平均体重よりも小さく、しかも出産直後から数日は酸欠状態のチアノーゼが続き、生命の危機にあったそうだ。

担当医から「今晩が峠になるかもしれない」と伝えられたとき、祖父母たちは泣きながら生まれたばかりの孫に別れの言葉をかけたらしい。しかしその翌日、俺は奇跡的な回復を見せ、周囲を驚かせた。もしかしたら瀕死の状況を切り抜けた反動で、度を超す腕白小僧になったのかもしれない。母親は俺を叱るときによく「あなたは生まれてすぐに死にかけたんだから、運よく助かった命を大

生後8カ月の頃。この頃から今と同じヘアスタイルをしているのが笑える。後ろは父親。鷹木家は代々スポーツ万能で、父親も社会人ラグビーをやっていた

事にして清く生きなさい」と注意した。
でも、逆に俺は「人間はいつ死ぬかわからないから、自分の道を突き進もう」と、母親の心配を尻目に遊びまわった。

我が家の家族構成は父・奉継《ともつぐ》と母・千津美《ちづみ》、４つ上の兄・公一《こういち》と２つ上の姉・恵子《けいこ》。カメラメーカーのキヤノンの関連企業で働いていた父はカメラをいじるのが好きで、よく家族の写真を撮っていた。もともと九州出身の父は社会人ラグビーをやっていたため体格がよく、真面目な性格も相まって、威厳を感じさせる古きよき昭和の頑固親父だった。

母はお菓子で知られるシャトレーゼの工場にパートタイマーとして勤務したのち、山梨県内にあるＮＴＴの営業職に勤務経験があり、現在はマイペースにエステサロンを営んでいる。

父と母は東京で知り合い、結婚を機に母の故

郷である山梨に住居を移した。父親は東京で勤めていた会社を退職し、山梨でいまの仕事を見つけたそうだ。

兄は少年野球をやっていて、全国大会を目指すような練習の厳しいチームに所属していた。そのため鷹木家の休日は旅行に行くよりも、家族で兄の試合の応援に駆けつけるのが恒例だった。

その後、兄は甲子園に出場するような強豪高校からスカウトを受けて進学。とにかく兄は野球漬けで練習に明け暮れていたため、俺とは日常生活の中でそんなに大きな接点はなかった。だが、一つのことに取り組む姿勢に対し、俺は純粋に「兄貴、すげえな」と思っていた。

そんな兄は現在、沖縄で介護の仕事に従事している。ダイエットのためにキックボクシングを始めたところ、ジムの会長にその素質を見いだされ、気づけばキックの大会で「あにきバトル70kg王者決定戦」を制し、チャンピオンベルトを巻いたそうだ。根っからのアスリート体質のようだ。

姉と俺は歳が近いこともあり、小さい頃からよくケンカをした。バスケットボール部で活躍した姉は勝気なスポーツ少女で、弟相手に一歩も引く気がなかった。もし姉が格闘技をやっていたら、俺や兄をしのぐ結果を残していたかもしれない。

俺と姉は子どもの頃から両親や親族に「顔も性格もソックリだ」と言われてきた。そのたびに心底嫌そうだった姉の表情は、俺がリングで対戦相手をにらみつけるときに似ている気がする。

そもそも鷹木家は代々、スポーツ万能な家系だったようだ。母方の祖父からは山梨県の陸上大会の三段跳びで上位入賞した表彰状を見せてもらったことがある。また、第二次世界大戦中には陸軍部隊の小隊長を務め、部下が130人いたそうだ。敵兵を早期発見したことで国から感謝状が贈られ、母の実家へ行った際に俺自身もこの目で見たことがある。

父方の祖父も同じ大戦中に通信兵として戦地に赴き、命からがら日本に帰国したと聞いていた。「通信兵だったため、敵から狙われ首を銃弾で撃たれてダメかと思ったが、奇跡的に意識が戻り、なんとか生きて帰ってこられた」と何度も聞かされた。だが、俺は戦時中の話を誇らしげに語る祖父たちが好きだったし、自分が歴史に興味を持つきっかけになったと思う。

母方の祖父は小柄だったわりにとにかく力が強かった。いまでもよく覚えているのが、俺が中学の頃に友だちと一緒に、祖父が経営していた民泊に遊びにいったときのことだ。俺たちが庭で相撲を取っていると、当時70代半ばの祖父も飛び入り参加。生意気盛りの中学生たちを、まさにちぎっては投げの無双ぶりでねじ伏せてみせた。いずれは俺もそんな無敵のジイさんになりたいと思っている。

保育園のときからイスを振り回す〝ハツラツおじさん〟だった

両親は俺が幼少期の頃から本当に手を焼いたらしい。その頃の大暴れの代償がいまも俺の体には刻まれている。左肩に長年残っている違和感も、もとを正せば4歳のときに保育園でイスを振り回

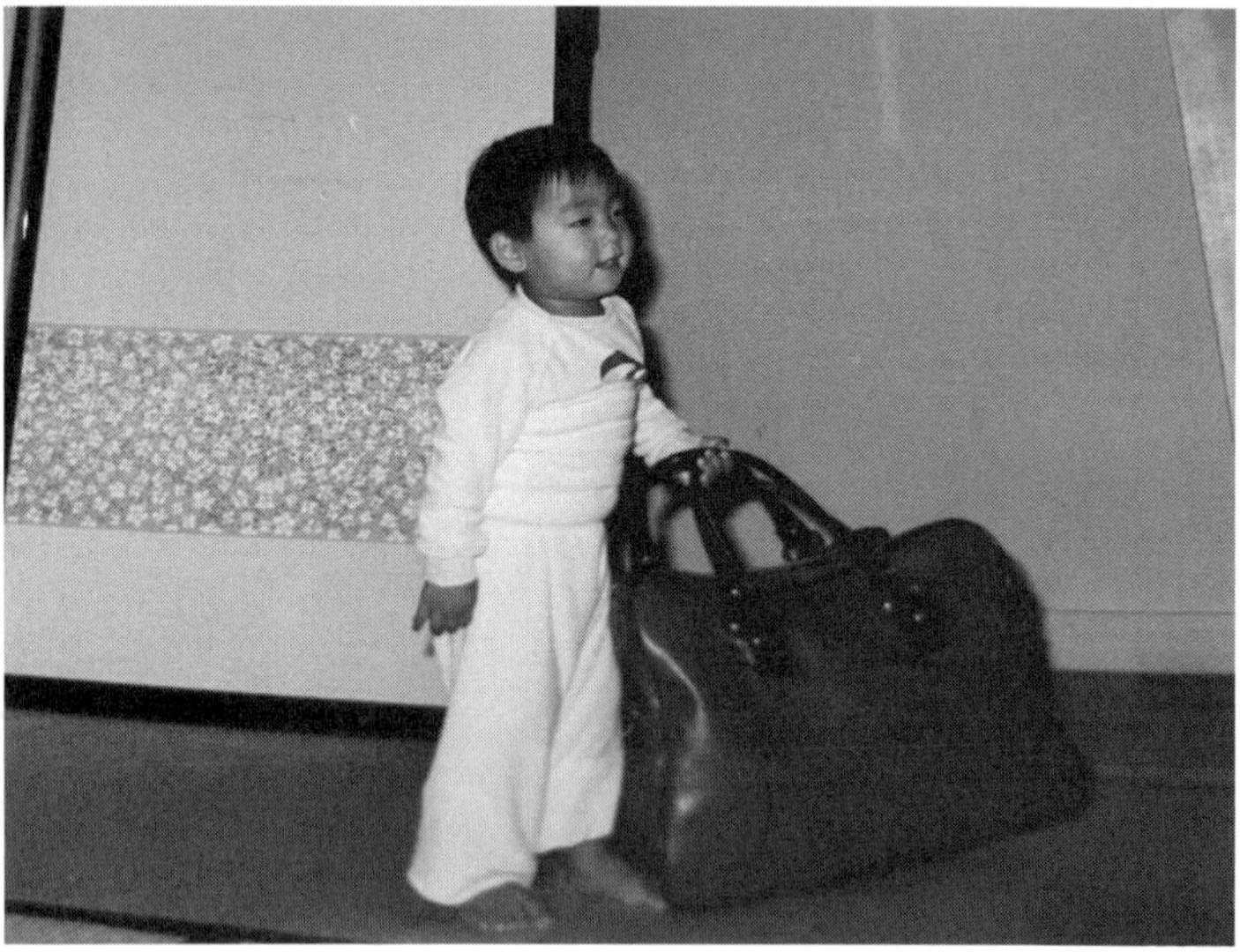

2～3歳の頃。幼少期のころからヤンチャで、好奇心旺盛で、体を動かすのが大好きだったらしい

して左肩を亜脱臼したのがきっかけだ。

保育園では友だちを追いかけ回し、窓ガラスに頭から突っ込んでブチ割ったこともあった。そのときは動揺する先生に抱きかかえられ、泣いたフリをしつつ幼心に「ヤベーことしちゃったな……」とアセッたのを覚えてる。いま思うと、これはデスマッチもいとわない俺の原体験だったのかもしれない。

俺はリング上で闘う姿から〝ハツラツおじさん〟と呼ばれることがあるが、幼少期からとにかく体力がありあまっていた。小学校1年のときにはクラスメイトとケンカし、自分の攻撃で勢いあまって手を机にぶつけて骨折。拳を包帯でグルグル巻きにして遠足に参加する生徒は俺ぐらいのものだった。

小学校時代はほぼ毎朝、自分が言い出しっぺとなり教室で相撲大会をやっていた。俺は登校

小学1年生の遠足の写真。左手に包帯を巻いているのは、友だちとケンカして骨折したから。闘いが大好きで、学校でも手が出るのが早かった

すると教室後方の黒板にせっせと8人参加のトーナメント表を書き、嫌がるヤツも強制参加で授業開始のギリギリまで取っ組み合う。

当然、優勝回数は俺がぶっちぎりで一番。取り立てて身長が高いわけではなかったが大食いだったこともあり横にデカく、持ち前のパワーを活かした取り組みで負け知らず。まさにクラスの暴君だった。勝ち誇る俺に教室の女子たちは冷たい視線を送っていたことだろう。教室の窓ガラスを割ったのも2度や3度じゃないし、きっとクラスの不人気男子ナンバーワンだったのは間違いない。

当時はまだプロレスに出会っていないのに、俺がやたらと闘いが好きだったのは、『超新星フラッシュマン』といった特撮ヒーローものや、『ドラゴンボール』のようなアニメの影響が強かった。ちなみに『ドラゴンボール』はいまだに見返すし、俺のハツラツの源になっている。

俺は幼少期を皮切りに小中高と、ケンカでケガをさせた相手の家まで母親と一緒に、菓子折りを持って謝りに行く回数も少なくなかった。友だちと揉めるとすぐに手が出るようになったのは、いま思うと過ごしてきた環境が関係して

いるのかもしれない。俺は何かやらかすたびに父親をはじめ、学校の先生、そして少年野球の指導者といろいろな大人に食らわされてきた。そこで「大人がやるなら、べつに子どもにやってもいいだろう」と間違った解釈をしてしまったのだ。

しかし、上京してから同世代の人間に「俺たちの子どもの頃はいまと違い、まだ体罰がまかりとおっていた時代だったよな」と話を向けると、そのほとんどに「そんな物騒な話は聞いたことがない」と驚かれる。ということは、自分の周囲が特殊だったのだろう。

中学時代は周囲に、『ビー・バップ・ハイスクール』や『ろくでなしBLUES』といった不良漫画から飛び出したような連中が多く、まだ義務教育期間の小さなコミュニティではあるが、そこには弱肉強食の世界があった。先輩に目をつけられた俺は、自分は悪くないと決して謝らず、袋叩きにされた挙げ句、花瓶で殴られたなんてことも。

ケンカに負けて帰った日には父から大きな雷を落とされ、「自分からは手を出すな。でもやられたらやり返せ！」とハッパをかけられたものだ。

そんなずっとケンカ三昧の俺が、少しでも体力を発散するように最初に取り組んだスポーツが少年野球で、兄も所属していた中央市田富野球スポーツ少年団に小3のときに入団した。

チームは関東大会で優勝するくらい強かったが、当時の俺は走ることと守備が苦手だった。「野球の醍醐味は打つことだ」と開き直った俺は、自分の得意な長打力を伸ばす練習ばかりに一生懸命で、それ以外は監督やコーチの目を盗んでサボッていた。そのため補欠ではあったが、当たればチー

小学3〜6年のあいだ、少年野球に励んだ。が、少年野球の名選手だった兄と違って、目立った活躍はなし。写真は小6の時、県大会の決勝。大事な場面で三振をしてしまい、「もっと精神力を鍛えなければ」と思うように

ムの4番打者よりも飛ぶ〝代打の切り札〟みたいなポジションだった。

少年野球は小6まで続けたが、名選手だった兄と比べられるのが嫌で、どこかふてくされながら取り組んでいた。野球を辞めたら根性なしと思われるのがシャクだったため、意地で続けたようなものだ。

その小6のときに、俺が所属していたチームが県大会の決勝まで進出。そして俺は大事な場面で代打として出番が回ってきた。しかしプレッシャーに押しつぶされ、周囲の期待に応えられずあえなく見逃し三振。このあたりから俺は「もっと精神力を鍛えなければ」と思うようになった。それと同時に「野球は好きだけど俺がプロになるのは難しいだろうし、もっと違うこともやってみたい。男として本格的に強くなってみたい」という気持ちが芽生えた。

小学生のとき、強さに憧れて格闘技道場を転々とする

強さに憧れを持っていた俺は、少年野球と並行し小学校高学年のクラブ活動では空手部に所属した。小学校で空手部があるのも珍しいと思うが、教職員の中に有段者がいて空手の型や組み手などを教えてくれた。

当時の俺はジャッキー・チェンの映画にハマっていて「将来はアクション俳優もいいな」などと甘い夢を抱いていた。でも、残念ながら俺には打撃のセンスがまったくなかった。体がかなり硬く、蹴り足が上がらなかったのだ。

そこで俺は小6のときに地元の役場まで、「柔道を習える場所を知りませんか?」と問い合わせに行った。インターネットも一般に普及してない時代だったとはいえ、いま思うとなかなかの行動力だと思う。

そして、役場の人から「ここで習えると思うよ」と教えてもらった道場を訪ねたのだが、そこは柔道ではなく合気道を教えていた。俺は「柔道も合気道もそんなに変わらないか」と呑気に考え、それから1年半くらい続けた。

だが合気道も空手と同じく、いまいち自分にはシックリ来ない。合気道は相手の力を利用する古武道であり、強引な自分には向いていなかったのだ。そのことに気づいた俺は中2のときに、柔道を習っているクラスメイトの紹介で、ようやく柔道の道場に週2で通うようになった。ちなみに学

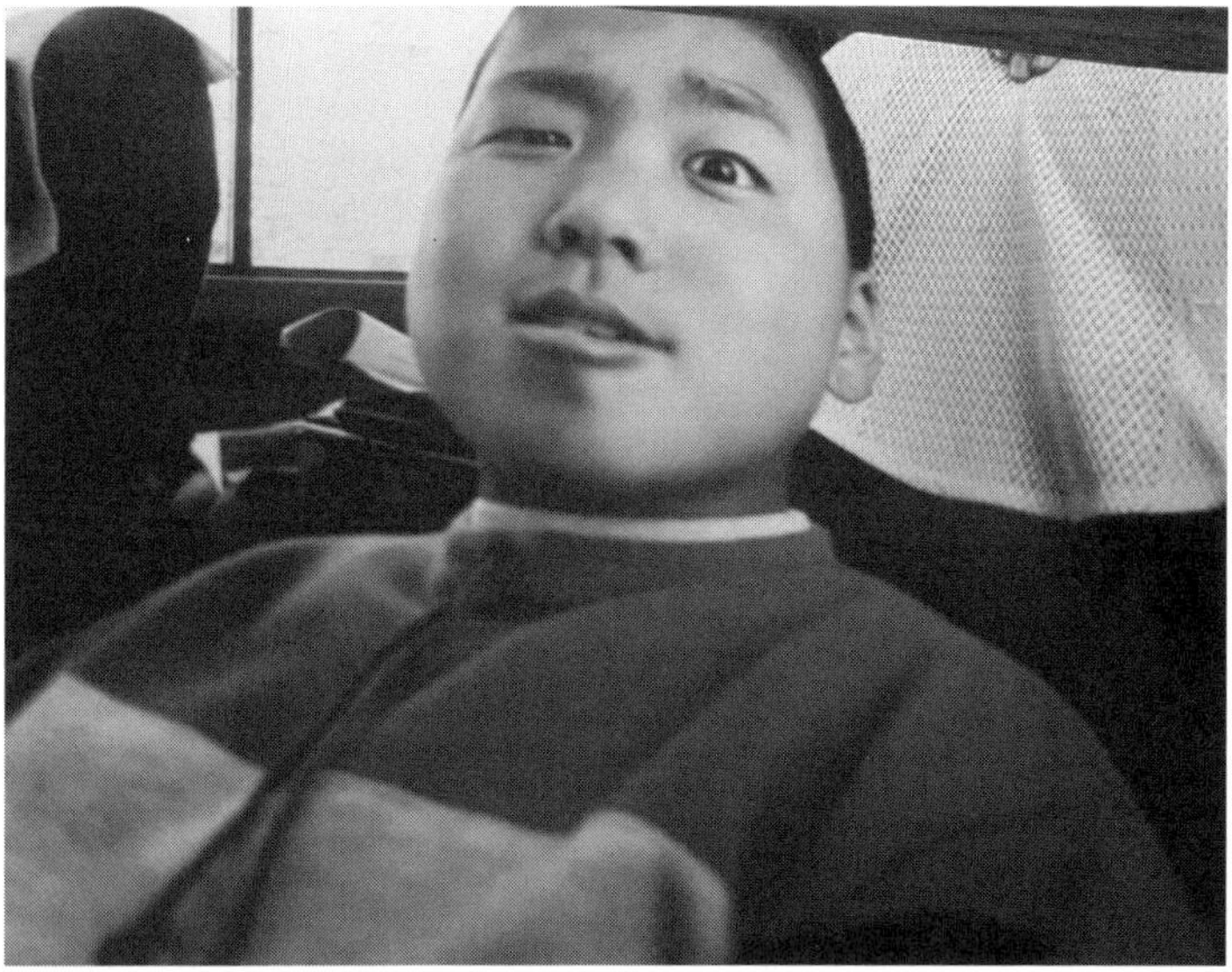

小6の修学旅行の時。これも、いまをほうふつとさせるような不敵な面構えをしている。小学校高学年時は、強さに憧れ、野球と並行して空手、合気道を習った

校では野球部に入るも、軟式野球をのんびりとやる感じで前のめりではなく、あくまで柔道に重きを置いて体を鍛えていた。

スポーツのことばかりではなく、学生の本分でもある勉強についても少し話そう。言うまでもなく俺は机に向かうのが好きではなく、国語・数学・理科・社会・英語の5教科の成績は下の中といったところ。

だが、こんなこともあった。小学生のときの国語の授業では、毎週のように漢字テストがおこなわれ、俺は100点中よくて30点で基本的には10点。そんなある日、先生にしっかり勉強するようにと説教された俺は、負けず嫌いな性格に急に火がつきガ然やる気モードに。

それからしばらくのあいだ、俺は漢字テストで100点満点を連発し、周囲をアッと驚

かせた。あのときは自分でも「俺はやればできるんだな」と思ったものだ。だが、そのうち「……あれ？　なんで勉強なんかしてるんだ？」と気づくと、あっという間に成績はもとどおり。以降、勉強とは縁がないまま、いまへと至る。

テリーの流血ファイトに大興奮！大仁田vs天龍・電流爆破戦に心を打たれる

俺がプロレスというジャンルを認識したのは、いつの頃だったのだろうか。とくに家族親戚にプロレス好きがいたわけではなく、幼少期の頃にたまたまテレビに映っていたリングで闘う男たちの姿を、漠然と眺めていた記憶がある。

当時、名前を知っていたプロレスラーはアントニオ猪木さんやジャイアント馬場さんなど数える程度。〝黒い呪術師〟アブドーラ・ザ・ブッチャーの迫力は脳裏に焼きついているが、かといってプロレスに夢中になることはなかった。

そんな俺がプロレスにハマるきっかけとなったのは、初めて会場観戦に行った小6のとき。少年野球のコーチにＩＷＡジャパン（１９９４年に旗揚げしたインディペンデント団体）の大会招待券をもらい、同じチームの数人で会場のＪＲ甲府駅北口広場まで足を運んだ。

その日のメインイベントはテリー・ファンク&ディィック・スレーター組とザ・ヘッドハンターＡ

&B組によるスクランブルバンクハウスデスマッチ。いま思うと豪華なカードだと思うが、もちろん俺には何の知識もない。ヘッドハンターのどっちがAでどっちがBだかわからず、とりあえずブッチャーに似てるなと思った程度だ。

だが、大柄な外国人レスラーたちによる血まみれのド迫力ファイトを目の当たりにした俺は、「スゲー！　この人たち、人間じゃないな」と心を熱く揺さぶられた。興奮のあまり、試合後には売店でテリーにサインをもらったほどだ。このことがきっかけで、俺はテレビでプロレス中継を欠かさず観るようになった。

時期的には新日本プロレスは闘魂三銃士が頭角を現した頃で、同郷の山梨出身の武藤敬司さんには申し訳ないが、俺は橋本真也さんの武骨なファイトスタイルが好きだった。とくに橋本さんが長州力さんと激闘を繰り広げた1996年の『G1　CLIMAX』公式戦がお気に入りで、いまでもたまに映像で見返している。

全日本プロレスでは三沢光晴さんたち四天王のファイトに、俺は胸を躍らせた。三沢さんがスタン・ハンセンやスティーブ・ウイリアムスといった屈強な外国人レスラーたちを、鋭いエルボーでなぎ倒す姿に興奮したものだ。

学生時代には友人の誘いでキックボクシングを観戦に行ったこともあったが、俺は強さに加えてエンターテインメントとしての華やかさも併せ持ったプロレスを魅力的に感じ、どんどんと引き込まれていった。山梨には武藤さん以外にジャンボ鶴田さんという名レスラーがいることや、全日本

中1のとき、天龍源一郎さんと大仁田厚さんのノーロープ有刺鉄線金網電流爆破デスマッチ（1994年5月5日・川崎球場）をビデオで見て、将来プロレスラーになりたいと思うようになった

の若手に俺の兄と同時期に甲子園に出場した金丸義信という選手がいることも知った。

プロレスの知識が増える中、その頃の俺が気になったのがＦＭＷを率いる大仁田厚さんだった。当時から数々のバラエティー番組に出演していた大仁田さんを観て、「新日本や全日本のレスラーよりも、この人のほうが知名度が高いんじゃないか?」と興味を持った。

そして中１のときに、俺はレンタルビデオ店で大仁田さんと天龍源一郎さんのノーロープ有刺鉄線金網電流爆破デスマッチ（１９９４年５月５日、川崎球場）のビデオテープを購入。大仁田さんの感情ほとばしる泥臭いファイトや、それを真っ向から受け止める天龍さんの無敵たる姿……。２人の闘いに〝男の最終到達地点〟のようなものを感じた俺は、「俺もリングの上に立ちたい、熱い闘いがしてみたい！」と将来の夢としてプロレスラーを思い描くようになった。

中学にもなれば異性を気にし出し、ファッションに興味を持ちはじめる頃だが、そんな色気づく同級生たちをよそに俺は硬派を気取った。もちろん女の子に興味がないわけではないが、それ以上に強くなることに憧れた俺は自分の部屋でプロレスのテーマ曲を流し、親父に「うるさい！」と怒鳴られながらも腕立て伏せやヒンズースクワットに日々励んだ。さらに小遣いでダンベルを買うと、それを教室に持ち込んで休み時間にもひたすらトレーニング。

そんなダンベル中学生がモテるわけがない。もしかしたら隠れ鷹木ファンの女子生徒もいたかもしれないが、一度もそんな報告は受けなかった。マイペースな俺はとくに周囲を気にしていなかったが、完全に教室の中では浮いた存在だったと思う。

しかし、目立ちたがり屋だった俺は一度、自ら立候補してクラスの学級委員を務めたことがある。だが、ほかの生徒の模範となるべき立場にもかかわらず、掃除をサボるなどクラスのルールを無視。結果、ホームルームの時間に俺への苦情が数件上がり、「そんなに言うなら辞めてやるよ！」と売り言葉に買い言葉であえなく1週間でクビに。

その屈辱を振り払うように、俺は「なりたいのは学級委員じゃなくプロレスラーだ！　俺にはプロレスがある！」とますます体を鍛えた。体型こそズングリムックリだったが、ガンガン鍛えてガンガン食べて体重は80kg以上をキープ。俺の思春期は〝一人男塾〟だったと言っても過言ではない。

高１で柔道部を占拠し、筋トレに励む

プロレスファンの頃から新日本一筋の内藤哲也とは異なり、俺は新日本も全日本もＦＭＷもＩＷＡジャパンも大日本プロレスも、プロレスなら分け隔てなく興味を持った。プロレス専門誌を毎週欠かさず買い、レンタルビデオでプロレスものを借り、柔道を習っていた友だちと一緒になって楽しんだ。その友だちとは「いつかプロレスラーになろうぜ！」と同じ夢を誓い合ったものだ。

幼い頃から思い立ったらすぐ行動というタイプの俺は、中学を卒業したら上京し、どこかジムで鍛えて16〜17歳あたりでプロレス団体の入門テストを受けようと考えていた。実際、学校の進路希望用紙には「新日本プロレス、全日本プロレス、ＦＭＷ」と書いて提出。担任の先生は鼻息荒い15歳の教え子を「夢を持つのはいいことだけど、まだ踏み出すのは早いんじゃないか」と諭した。両親にも「いまの段階で通用するわけがないし、とりあえず高校には行きなさい」と反対された俺は考え直し、自宅から自転車で通える県立の市川高校に進学することに（現在は廃校となり、同場所に青洲高校が設立）。

ここは兄の出身校でもあったので、負けん気の強い俺は入学試験で落ちるわけにはいかないと、人生における最初で最後の塾通いも経験。合格したときはホッとしたものだ。

市川高校はわりとおとなしい生徒が集まる学校で、当時の同級生に言わせると俺は入学早々から

将来プロレスラーになることを見据え、高校では柔道部で体を鍛えた。写真は柔道部の主将を務めていた高校3年時。横断幕に「闘魂」と書いてあるのは、独断で決めた。団体戦で22年ぶりに関東大会出場を果たしたのはいい思い出だ

悪目立ちをしていたそうだ。柔道のすり足の影響でものすごいガニ股だったのに加え、ゴツかったこともあり周囲に威圧感を与えていたらしい。

高校では当然のように柔道部に入部した。3年生が1人、2年生が3人と小さな所帯で、そこに俺とプロレスラーの夢を誓い合った友人含め、1年生6人が加わった。最初の練習で自分のほうが先輩たちより明らかに強いとわかった俺は、生意気にも「俺が練習メニューを考えてもいいですか」と提案した。柔道の先にプロレスラーを見ているこっちとしては、ふだんの練習が生温く感じたのだ。

筋トレを多めに取り入れて練習を一気に厳しくすると、先輩たちは大会間近に少し柔道場に顔を出す程度で、普段はあまり寄りつかないようになってしまった。楽しく部活に取

り組んでいた先輩たちにしてみれば、ふてぶてしい1年に柔道部を乗っ取られたような気分だったに違いない。

市川高校はトレーニングルームの設備が充実していたが、県内屈指の強豪だった野球部がほぼ占領し、ほかの運動部は使用するのを遠慮していた。だが、俺はお構いなしでガンガン鍛え、それどころか野球部にトレーニング器具を取られないようにダンベルやベンチプレスの台を、柔道場までせっせと運び込んだ。野球部にはヤバいヤツだと思われたのか、とくに注意はされなかったが、気づけば柔道部はほかの運動部から〝筋トレ部〟と呼ばれるようになっていた。

いま考えると体の同じ部位を週6で鍛え、ロクに休息期間を取らない非科学的なトレーニングをしていたので、それは先輩部員が柔道場から足が遠のいてもしかたがない。

タカギドライバー、パンピングボンバーは高校の柔道部時代に生まれた

柔道部は普段、格技場の半分を使用し残りの半分は空手部が使っていた。その空手部には俺にとって憧れの同級生の女子生徒がいて、彼女は空手で県内トップクラスの実力を誇っていた。俺はそれに見合うような強さを身につけるべく、彼女がいる日にはいつも以上に練習に気合が入り、その勇姿を少しでも近くで見せようと空手部のすぐ隣の一角を陣取った。そして、そこはいつしかほかの

柔道部員から〝鷹木コーナー〟と呼ばれるようになった。

そんなある日、俺は強靭な足腰をアピールしようと肩車している人間をさらに肩車し、まるでトーテムポールのようなかたちでスクワットを敢行。しかし、無理が祟ったのか、あわれ腰を痛めてしまう憂き目に。顔を洗うのもトイレに行くのもやっとという感じで、半年くらい本格的な練習から離れることになってしまった。

そして高2になり復帰すると、柔道の地区大会の個人戦トーナメントに出場するもまさかの1回戦負け。大きなショックを受けた俺は「強くなるまでは大会には出ない！」と宣言し、そこから数カ月はあの空手少女も気に留めることなく、黙々と練習に没頭した。柔道は立ち技こそセンスによる部分もあるが、寝技は努力すれば強さが身につくという情報を仕入れると、寝技中心の柔道と呼ばれている高専柔道をビデオで徹底的に研究。学校の会議室に運動用マットを持ち込み、後輩をつかまえてずっと寝技の練習に明け暮れた。

その後、柔道部の主将となった俺は、得意の腕ひしぎ十字固めを武器に対外試合で奮闘。地区大会の団体戦ではほかの部員の活躍もあり、最後は俺が中学の頃に負けたことがあった因縁の相手に対して小川直也さんばりのSTO（大外刈り）で一本勝ちして、我が市川高校柔道部は22年ぶりに関東大会出場を成し遂げた。

もちろん、俺は柔道の試合では寝技だけではなく、相手の一本背負いを馳浩さんばりの裏投げで切り返したりと、プロレスを匂わせる技もよく繰り出していた。畳の上でのプロレスごっこでは後輩に技の実験台になってもらい、いまもここぞというときに使っているタカギドライバー98を考案。また、当時からラリアットの研究にも余念がなく、それがのちのパンピングボンバー誕生につながっている。

新日本や全日本がアイメッセ山梨で大会を開催するときは、部外活動とばかりに柔道部員揃って観戦に出掛けた。やはり同郷の金丸や井上雅央さんの試合のときは自ずと体に力が入ったし、武藤敬司さんが負傷欠場したときには「地元なのにマジかよ！」と、さしあたって残念に感じたものだ。

さて、俺が思いを寄せた空手少女とのラブロマンス。結論から言うとこちらの好意は伝わっていたと思うが、残念ながら成就とはならなかった。そもそも彼女にはボーイフレンドがいて、しかもそのボーイフレンドは俺の友だちだったため、俺も〝鷹木コーナー〟を作る以上の野暮なことはしなかった。

ちなみに現在、その空手少女は俺が山梨で試合があるときに、お子さんを連れて会場まで応援に駆けつけてくれる。そして俺はあの頃と同じように闘う男の勇姿を届けている。

K-1を打ち負かす「強いプロレスラー」を目指し、浜口ジムに入門

俺が中高生だった90年代の中盤から後半にかけては、立ち技格闘技のK-1が流行っていた。テ

レビではゴールデンタイムで放送され高視聴率を獲得し、クラスの中でも熱視線を注いでいる生徒が多かった。

そんなある日、クラスでK－1とプロレスはどっちが強いかという話題になった。K－1だという生徒が多い中、俺は「橋本真也がアーネスト・ホーストに負けるわけないだろ！」とアピール。それでもホーストだと推されると「じゃあ、俺がプロレスラーになってプロレスが最強だっていうことを証明してやる！」と宣言した。その時代のプロレスに胸を躍らせた身として、俺には「プロレスラーは強くなければいけない」という確固たる信念がある。

高校の柔道部の練習の半分は、プロレスごっこだった。写真は友人にパワーボムを放っているところ。タカギドライバー98もパンピングボンバーもこの格技場から生まれた

強さに焦がれた俺は高3のときに、あらためて父親に「卒業したらプロレスラーになりたい」と思いの丈をぶつけた。しかし、父に返された言葉が俺の心にグサッと突き刺さった。「柔道でインターハイにもいけないようなヤツがやっていけるのか？　プロの世界はそんなに甘いもんじゃないぞ」

その一言で火がついた俺は発奮し、高校最後の県大会の個人戦トーナメントでは順調に勝ち進んでいった。だが、残念ながら結果はベスト4止まり。しかし、地元新聞に掲載された大会結果に息子の名を確認した父から、「頑張ったな」と

労いの言葉をかけられ、少しは認めてもらえたかなと嬉しく思った。

その後、俺のプロレスラーへの思いを汲んでくれた両親は、「なれなかったときのことも考えて、高校を出たら専門学校に行きなさい」と提案。俺自身、その時点ではまだ具体的にどの団体に入りたいか目標を絞ったわけではなかったため、上京して浅草のアニマル浜口トレーニングジムに通いプロレスラーを目指しながら、スポーツトレーナーを養成する専門学校に通うことにした。

2001年2月に上京した俺は、浜口ジムから徒歩5分の家賃6万のアパートに入居。そして一旦帰郷し、卒業式を迎えた。同級生たちが友や恩師との別れを惜しんだり、その門出を喜んだりしている中、俺は夢に向けて一人闘志を燃やしていた。

俺の東京生活の拠点となった浅草はにぎやかな場所だ。下町情緒たっぷりの街並みの中に老若男女、そしてカタギの人からそうは思えない人までさまざまな人種が生活している。海外からの観光客も多く、山梨から出てきたばかりの俺は軽くカルチャーショックを受けた。

進学したのは池袋にある東京リゾート&スポーツ専門学校。そこでは栄養学やスポーツ学、トレーニング理論を学んだ。正直、勉強が得意じゃない俺は肝心の授業が右耳から左耳に流れていくことが多く、いまとなっては「もっとちゃんと聞いておくべきだった、もったいないことをしたな」と思う。一応、在学中にビジネスマナーや健康運動指導士の資格を取得したが、プロレスラーになるのが目標だった当時の俺は「別にあってもなくても」という気持ちだった。

生活費の足しにするため、専門学校に通いながらアルバイトにも精を出した。

最初は食事代を浮かすためにまかないのある飲食店がいいと思い、ファミレスのデニーズで働きはじめるも、わずか3カ月で退店。辞めた理由は笑顔でお客さんに「デニーズへようこそ!」と言えなかったから。「プロレスラーを目指しているのに『デニーズへようこそ!』はないだろ」と、よくわからないヘンなプライドが働いてしまったのだ。

その次にやったアルバイトはコンビニ。でも、これも接客が性に合わず3カ月くらいしか続かなかった。最終的に落ち着いたのは、浜口ジムとは別のとあるジムのインストラクター。自分が専門学校で学んだことを活かせたので、どうにか長く続けることができた。

稼いだアルバイト代はほぼサプリメントで消えていった。いまでこそ値段を気にせず気軽にAmazonで購入しているが、当時はプロテインを買うにしろそのコストパフォーマンスを熟慮したものだ。そして外食を控えるため、学校にはいつも弁当箱に白米とササミ、あとはブロッコリーやトマトを詰め込んで持っていった。

専門学校では、ほかの生徒との交流はあまりなかった。ごくたまに学校帰りに数人で池袋をブラつくこともあったが、基本的には一人早く帰宅しアルバイト以外の時間はトレーニングに励んだ。俺は普段からザ・ロード・ウォリアーズのようなバギーパンツとラグトップで校内や街を練り歩き、明らかに異彩を放っていたので、もしかしたらほかの生徒は誘いの声をかけるのに躊躇したのかもしれない。だが、当時の俺は真剣にバギー&ラグトップのウォリアーズファッションこそカッコいいと思い込んでいた。

プロの世界でナメられないために必死で耳を潰す

浜口ジムには浅草に引っ越してすぐに通いはじめた。プロレスラーになるための準備としてここを選んだのは、高校3年のときの進路相談がきっかけだった。担任の先生に「プロレスラーになりたいと思っています」と伝え、「そのためにはどうすればいいのか、ちゃんと方法を調べなさい」と言われた俺は、その足で街の図書館に向かった。

すると、まさにプロレスラーになるための方法をテーマとした書籍を発見し、そこには「プロレス界にはアニマル浜口ジム出身のレスラーが多い」と書かれていた。「ここで頑張ればプロレスラーになれるに違いない！」と思った俺は高3の冬休みに浜口ジムに見学訪問し、卒業後に通うことを決めた。

浜口ジムはプロレスラー志望のジム生のために、レスラー育成コースのアニマル浜口レスリング道場（以下、浜口道場）を開講していた。国際プロレス、はぐれ国際軍団、維新軍などで昭和から平成初期にかけて活躍した浜口会長は、ジム生の中にプロレスラー志望の若者が多かったことからプロレスへの恩返しとして浜口道場を始めたそうだ。

浜口道場は浜口会長の心意気で指導料や道場使用料は一切無料、かかるのはジムの一般会員費のみ。しかし、基礎体力がないと練習には参加できず、中には1年かけてやっと認められるジム生もいた。俺は柔道の経験や体を鍛えていたこともあり、ジムに入会し1週間くらいで浜口道場への参

高校卒業後に上京し、アニマル浜口ジムに入門。浜口会長の指導のもと、プロレスラーになるためのトレーニングに励んだ。写真は2014年4月、ドラゴンゲート所属時代に週刊プロレスの企画で道場を訪問した時の様子。浜口会長から「気合だー!」と激励された

加を許可された。

　初めてお会いしたときの浜口会長は、娘の京子さんがレスリングの大会に向け減量しているのに合わせて、ご自身もかなり絞られていた。全身が研ぎ澄まされた印象で眼光も鋭く、こちらは身が引き締まる思いだった。

　浜口ジムで過ごした3年間は、確実に鷹木信悟というプロレスラーの礎となっている。ことあるごとに浜口会長からは「プロレスラーはゴツくて強くて凄いんだ。いついかなるときでも相手に対応できなければいけないんだ」と叩き込まれた。浜口会長は練習の中でもスパーリングに重きを置いていて、その理由としてレスラー時代に海外遠征に行ったときに、現地レスラーの中には東洋人というだけでナメてかかってくるヤツがいたからだと話されていた。

　激しいスパーリングの中で、自分の耳を相手の体やマットにこすりつけていると次第に内出血を起こし、耳が潰れた状態となる。これは俗に〝耳が沸く〟と表現され、多くのプロレスラーたちもこのようになっている。柔道経験者の俺は浜口ジムに入る前、かなり寝技の練習をしていたにもかかわらず耳が沸いていなかった。体質的なものというよりは、単純に寝技の練習で相手に上を取られることが少なかったからだと思うが、浜口会長からは「耳が沸いてないとプロの世界でナメられるぞ」と言われた。

　浜口会長自身もなかなか耳が沸かなかったそうで、最終的にはビール瓶で耳を叩いて潰したそうだ。あまり酒を飲まない俺はどうしようかと悩んだ末、道場にあったサンドバッグにタックルの要領で耳からぶち当たる方法を考えた。そして耳の腫れが大きくなると耳鼻科に行き、溜まった血を抜く。メチャクチャ痛かったがこれを何度か繰り返すと、浜口ジムに入門した年の夏頃にはプロレスラーらしい耳になっていた。

また、この時期になると浜口道場に入った当初は75kg程度しかなかった体重も、90kg以上にまで増量。浜口会長から「まずは体を大きくするんだ」と言われ、とにかく炭水化物と値段の安い輸入肉を毎日食べまくり、ガンガン鍛えた成果が早くも表れていた。

自分が前進しているのを実感した俺は、お盆に誇らしい気持ちで山梨に帰省。しかし、甲府駅に迎えに来てくれた母親は半年ぶりに見た息子の両耳が潰れ、さらに体がパンパンに膨れ上がっているのを見ると「もうこんなになっちゃって……」と泣き出してしまった。自分が思っていたのと正反対の反応に俺は困惑。子どもにとって母親の涙ほど動揺を誘うものはない。あのときは「早くプロレスラーとして名を売って親孝行をしないとな」と思った。

浜口ジムで、負けるはずのない内藤に一本負けした屈辱体験

俺と同時期に浜口ジムに通っていたメンバーで、のちにプロレス界で活躍しているレスラーは少なくない。プロレスファンのあいだで広く知られた話だと思うが、俺が浜口ジムに入門したときに

はすでに同い年の内藤哲也が入っていた。

高校卒業間際の2月に入った俺は、「4月になると高校卒業したばかりの連中が入ってくるだろうから、先に基礎を作っておこう」という思惑があった。だが内藤が高3の9月には入門したのを知り、「ずいぶん気合の入ったヤツがいるな」と驚いたものだ。

ほかに先輩では全日本プロレスやWRESTLE-1を経ていまはフリーの河野真幸さんや、WJプロレス出身で引退後はトレーナーとして活動されている和田城功さん。後輩だと現在同じロス・インゴベルナブレス・デ・ハポンで共闘しているBUSHIや、いまはドラゴンゲート（DRAGONGATE）に上がっているKAI、そして元ZERO1の将火怒。YOSHI-HASHI（新日本プロレス）や中之上靖文（大日本プロレス）は、俺が浜口ジムを卒業したあとに入ったそうだ。

浜口道場は週に2~3回おこなわれた。具体的なトレーニングメニューは道場訓を読んでからヒンズースクワットなど基礎体力運動。そのあとは参加人数にもよるが、1R1~3分のスパーリングを10~20本ほど集中的に取り組んだ。練習は「みんなで頑張ろう」といった和気あいあいとしたものではなく、殺伐としていた。言ってしまえばそれぞれがプロレスラーを目指すライバルになるわけで、緊張感のある関係性だったと思う。

とくに内藤は俺に対して激しいライバル意識を燃やしていたらしい。これは後年、内藤の口から直接聞いて知ったことだが、ハッキリと「当時はスパーが強い鷹木が嫌いだった。早くいなくなら

浜口ジムでは、同じくプロレスラーを目指す内藤哲也とシノギを削った。写真は2004年2月、内藤らとともに高田道場の寝技の大会に出場した時のスナップ

ねえかなと思ってた」と言われてしまった。そんなふうに思われていたとは露知らずの俺。とくに内藤に嫌われるようなことをしたつもりはなかったが、とにかく俺の一挙手一投足が気に食わなかったのだろう。

こっちはこっちで内藤のことは「愛想のない暗いヤツだな」と思っていた。あまり眼中にはなく、実際に最初の頃のスパーリングでは、俺にとって格闘技経験のなかった内藤は負けるわけのない相手であり、いいカモにすぎなかった。しかし、着実に内藤も強くなっていき、いつしか俺は彼とのスパーリングが楽しくなっていった。きっとそれは内藤が負けることを恐れず、守りではなく攻めの姿勢を見せていたからだと思う。

俺が浜口道場時代に唯一ケガをしたのも、その内藤とのスパーリング中のことだった。次第に力をつけた内藤とは引き分けになることが多くなっていたが、それでも決着がつくときは俺が一本を取っていた。だが、俺が浜口ジムを卒業する直前のスパーリングで内藤にアンクルホールドを取られ、俺は初めての一本負け。しかも負けたくなかった俺は必死に我慢したせいで足首を捻挫し、そのあとはしばらく松葉杖をついて専門学校やアルバイトに通うことに。最後の最後で内藤の執念深さに屈したのも、いま振り返ると何か運命めいたものを感じる。

浜口ジム時代はＢＵＳＨＩのこともヘンに印象に残っている。いまでこそ普段のＢＵＳＨＩはハイブランドで身を包んでいるが、当時は昭和のチンピラのような個性的な格好をしていた。体型も太っていて、現在の姿とはかなりビフォーアフター感がある。しかしながら動きはその頃から軽快で、合同練習が始まる前に小気味いいマット運動や、ブレイクダンスを披露していた。

浜口ジムには時折、卒業してプロレスラーになった先輩もトレーニングに訪れた。当時、新日本プロレスから全日本プロレスに移籍する前後の小島聡さんがジムに顔を出すという情報を聞きつけた俺は、一目見ようと時間を合わせた。

そして、たまたま小島さんとロッカーで2人きりになったのをいいことに「一つ質問してもいいですか？　浜口道場時代にやっとけばよかったことはありますか？」と尋ねてみた。すると腰の低い小島さんは、図々しい若者にも丁寧に「いや、ここですべてが学べますよ」と返してくれた。優しい笑みと丸太のような太腕の小島さんを見て、俺は浜口ジムを選んで間違いなかったんだなと思った。

元プロレスラーで現在は新日本プロレスに社員として勤めている井上亘さんもジムでお見かけしたことがある。井上さんは必ずジム生のために差し入れを持ってきてくれる律儀な方だった。

浜口ジムでは井上さんの真面目でストイックなエピソードが受け継がれていて、井上さんが電車内でも前腕のトレーニングを欠かさなかったと聞いたときには「プロになるにはそのくらいやらなきゃいけないんだな」と思ったものだ。

浜口会長のすすめでボディビル大会に挑戦し、ジュニア部門で優勝

浜口ジム時代を語る上で忘れられないのが、浜口会長のすすめでボディビルの大会に出場したことだ。浜口道場に入ってからの半年で20kg近く増やすことに成功した俺だが、その翌年の2002年に入ってから浜口会長に「会長に言われたとおりに鍛えて食べて体重を増やしたんですが、どうも脂肪が多いような気がするんです」と相談した。

すると浜口会長から「太ったらそこから絞ればいいんだ、鍛えた筋肉が浮き上がってくる。どうせなら鷹木、ボディビルの大会に出てみないか?」と持ちかけられた。俺は「きっと会長は俺に目をかけてくれてるんだ。よし、周りの道場生がやってないことに取り組んでみよう!」と決心し、2カ月後のボディビルの大会に向けて大規模な減量生活を開始した。

浜口ジム時代、浜口会長のすすめでボディビルに挑戦。2年目の2003年、ジュニア部門で優勝を果たした（写真）。それにしても26kgの大減量はきつかった

このときは食事も運動量も大雑把な計算だったが、とにかく気合と根性で乗り切って結果的に26kgも落とした。ただ、人生初めての大減量は最後のほうになると声はカラカラ、目はギョロギョロ、頭はフラフラ。急激に痩せていく俺の姿に、専門学校の生徒もアルバイト先の同僚も一様にビックリしていた。当時通っていた美容室の担当にいたっては、減量末期の俺に「鷹木さんのご兄弟ですか？」と尋ねてきて、俺が「いや、本人です」と返す冗談みたいなやり取りもあった。

いま思うと、冗談抜きで一歩間違えれば餓死寸前だったかもしれない。

この減量期間は浜口道場の練習は休み、ウエイト・トレーニングに専念した。いきなり真っ黒に日焼けし、スパーリングには参加せず自分の世界に没頭する金髪頭の俺のことを、内藤は

相当冷めた目で見ていたらしい。

結果的に死ぬ気で臨んだ初めてのボディビル大会は、納得のいく成績を残すことはできなかった。そして俺は浜口道場の練習に一旦戻ったが、どうもモヤモヤが残り気が晴れない。ボディビルの借りはボディビルで返すしかない――そう思った俺は、悔しさを払拭すべくボディビルに再挑戦することに。

そして、しっかりとした準備期間を取って臨んだ2003年の大会では、21歳未満のジュニア部門で悲願の優勝を達成。続く日本大会では8人中5位に終わったが、体作りの神髄のようなものを学んだ俺はボディビルに一区切りつけた。

現在、新日本プロレスではレスラーたちが肉体美を競う『コンクルソ』と呼ばれるボディビル大会が年に一度開催されているが、これまで俺は出場したことはない。浜口会長は40歳を過ぎてからボディビル大会で優勝されていたので、俺も少しは『コンクルソ』に挑戦してみたい気持ちがある。だが、あの減量の苦しみを知っているからこそ、中途半端な気持ちでは臨みたくないという思いが強い。

浜口会長から「真の強さとは何か」を学ぶ

ここで俺から見た浜口家の人々について触れたい。一家の大黒柱である浜口会長はもはや悟りの境地に達しているというか、口を開けばポジティブな言葉しか出てこない。人々に元気を振りまくその姿に俺は強い影響を受けているし、それはファイトスタイルにも表れていると思う。

浜口会長は練習中こそストイックで真剣そのものだったが、それ以外では気さくに話をさせていただいた。偉そうに言わせてもらうなら、浜口会長と俺とは性格的にウマが合っていたんじゃないかと思う。そんな尊敬する浜口会長に、俺は一度だけ怒られたことがある。俺は自分の中で浜口道場は3年で卒業し、プロの世界に進みたいと考えていた。

そのリミットが次第に近づく中、焦りを感じた俺は内藤を誘って、浜口道場での練習時間以外にジム内でスパーリングしたことがあった。すると、浜口会長から「決められた練習時間があるんだから、一般のジム会員さんがいるときは控えてくれ」と注意を受けた。俺たちがドタバタとスパーリングを繰り広げれば、たしかにトレーニング目的の一般会員さんは気が散ってしまい迷惑となる。だからこそレスラー希望者向けの浜口道場があるわけで、会長の指摘は当然のものだ。

だが、俺は生意気にも浜口会長に「じゃあ、いつ自分は強くなればいいんですか?」と口答えをしてしまった。すると浜口会長は「オマエの強くなりたい気持ちもわかる。でも、世の中には決められたルールというものがあるんだ。それを守らず強さを身につけても、本物の強さじゃないんじゃないか?」と諭された。若かった俺は腑に落ちないまま練習を切り上げたが、人生経験を重ねたいまになると会長の言葉の真意が理解できる。

浜口ジムの壁には、浜口会長のさまざまな教訓が一面に書き記されている。いまでも俺は原点回帰として浜口ジムに時折足を運ぶと、その壁を眺めて気を引き締めている。

その浜口会長の一人娘なのが、女子レスリングの世界選手権3連覇をはじめ、数々の金字塔を打ち立てた京子さんだ。いまではバラエティー番組でのノホホンとしたキャラクターで人気の京子さんだが、俺には練習中に獣のようにギラついて、ピリピリしていた印象が強く残っている。

あの頃の京子さんは女子レスリングが五輪初採用となった2004年のアテネ五輪での金メダルを目指し、かなり気合が入っていた。俺も何度かレスリングの練習相手を務めさせてもらったが、京子さんはパワーとテクニックのバランスが抜群で「こんなに凄いのか、世界で闘うトップアスリートは違うな」と驚いたものだ。俺は数々の大舞台を経験している京子さんを強靭なメンタルの持ち主だと思っていたが、のちにご本人は「私、精神的に本当に弱かったんだ」と愛くるしい笑顔を見せてくれた。

当時の浜口道場ではトレーニング中の浜口会長と京子さんの親子ゲンカが、日常茶飯事だった。指導に熱が入りすぎる浜口会長に、京子さんが「うるさい！」と抵抗するパターンが多く、道場生はただただ黙って見ているしかなかった。

そんな2人でも頭が上がらないのが、浜口会長の奥さまである初枝さんだ。道場生が〝ママさん〟と呼ばせてもらっていた初枝さんが、浜口ファミリー最強だったのは間違いない。絵に描いたような肝っ玉母さんの初枝さんの言うことに、浜口会長も京子さんも素直に耳を傾けていた。

初枝さんは道場生が大会に出場するときには、必ず弁当を持って応援に駆けつけてくれた。俺がボディビルの大会に出たときも「キレてる！　デカい！」と一番大声を張り上げて応援してくれたのが嬉しかったし、「ママさんに恥をかかせるわけにはいかない！」と気合が入ったものだ。たまに浜口会長が、初枝さんが切り盛りしていた飲食店に道場生を集めると、美味しいちゃんこ鍋を振る舞ってくださることもあった。

それぞれが人間味にあふれた浜口家の人々。この魅力的な家族から俺は人生で大事なものをたくさん教わり、それは大きな財産となっている。

プロレス暗黒期、「強さと華やかさ」に磨きをかけるため闘龍門に入門

浜口ジムに入ってからしばらくのあいだ、俺はどのプロレス団体の入門テストを受けるべきか迷っていた。それは当時のプロレス界を取り巻く状況も関係しているのかもしれない。

２０００年前後はＫ－１やＰＲＩＤＥなど格闘技ブームが巻き起こった時代だ。それに合わせるように新日本プロレスは格闘技路線を走るも迷走がうかがえ、俗に暗黒期と呼ばれる苦しい時期を迎えていた。全日本プロレスは分裂騒ぎが起こり、直後に三沢光晴さんを中心としたプロレスリング・ノア（ＮＯＡＨ）が旗揚げ。そして手薄となった全日本には、武藤敬司さん一派が新日本から移籍。いわゆるメジャー３団体は混沌とした時期だったと思う。

そんなある日、浜口道場で仲のよかった洞口義浩（現フリー）に「闘龍門が面白いから観にいこうよ」と誘われた。闘龍門は1996年にウルティモ・ドラゴンさんがプロレス学校としてメキシコに設立。その後、日本逆上陸を果たし興行プロダクションの闘龍門JAPANを発足すると、精力的に大会を開催していた。

俺が初めて闘龍門を観にいったのは、2002年9月8日の有明コロシアム大会だ。闘龍門にとっては有明初進出となるビッグマッチで、メインはドラゴン・キッドとダークネス・ドラゴンのマスカラ・コントラ・マスカラ戦（敗者マスク剥ぎマッチ）だった。それまで俺は闘龍門にあまり興味を持っていなかったが、初めて目の当たりにするリング上に「いったいなんだ、これは!?」と大きな衝撃を受けた。

メキシコのルチャ・リブレをベースとしたハイレベルな試合展開もさることながら、エンターテインメントの要素も強く、いままで観てきたプロレスとは一線を画す空間。女性ファンの黄色い声援が多く飛び交い、ファンの満足度の高いオンリーワンの団体であることを実感した。

俺は直感的に「身長が高いわけじゃない俺でも、このリングなら輝くことができるかもしれない」と思った。それからはDVDで闘龍門の試合を見漁り、その世界観にますます惹き込まれていった。当時はCIMAさんを中心とした闘龍門JAPANと、闘龍門の新たなブランドであり、ミラノコレクションA.T.さんやYOSSINO（吉野正人）さんらを擁するT2Pの対抗戦が盛り上がっていた時代。個性豊かな若い選手たちが躍動する中、俺が一番目を奪われたのはCIMAさんで、あの人のリング上での佇まいに天性のカリスマ性を感じた。

気づけば俺は「闘龍門のリングに立ちたい」と思うようになっていた。その後、浜口道場からの卒業を考えていた2004年2月、俺は腕試しとして髙田延彦さんが主宰する髙田道場のグラップリング大会に、浜口道場の代表として出場。結果的に判定勝ちをスコアするも、勝つことばかりに集中し魅せるような試合ができず大きな悔いを残した。この経験を通し、俺は強さと華やかさを併せ持ったプロレスへの思いを、より一層強くした。

そして2004年3月、浜口道場を巣立った俺は闘龍門の門を叩いた。一般的なプロレス団体の入門テストは、腕立て伏せやスクワットの規定回数をクリアした者が合格となるケースが多いが、学校制度を採っていた闘龍門は履歴書審査と面接さえ通過すれば入門は許可される。最初に入学金と半年分の月謝を払い、デビューを目指すというわけだ。

このときの面接は東京と神戸の2カ所にわけて実施。俺は闘龍門のディファ有明大会の開始前に、タダスケ（現プロレスリング・ノア）やカツオ（現・道南リング）らと複数で面接を受けた。B×Bハルクと戸澤陽（現WWE）は神戸での面接だったそうだ。

面接を担当したのは岡村隆志社長（当時）とCIMAさん。ほかの入門希望者より体が大きく、柔道経験者かつ浜口ジム出身という俺の経歴を見たCIMAさんは、闘龍門のカラーと違うと思ったのか、「なんでウチを選んだの？」と不思議がっていた
これは人づてに聞いた話だが、ハルクは面接で「オマエ、カッコいいな。よし、合格」と簡単に

言い渡され、「この会社、大丈夫か?」と心配になったらしい。ただ、面接の後日談としてCIMAさんは、俺やハルクを一目見たときに「コイツはモノになる」と思ったそうだ。

無事に入門が許され晴れて闘龍門の15期生となった俺は、里帰りをして心配をかけた両親に報告した。父が「男が決めたことだ。やれるところまでやってみろ」とハッパをかけると、その隣で母も覚悟を決めたように頷き、21歳の息子を送り出してくれた。

2章

俺の中の〝龍〟が目覚めた！

闘龍門入門とプロレスラー修行

闘龍門に入寮。ハルクに一目置き、戸澤にてこずる

２００４年４月下旬、俺は神戸の山中にある闘龍門の寮に入った。倉庫を改造した建物の１階が道場で、２階が練習生の住居スペースとなっていた。この年は15期生として30人近くの練習生が入門。そして入寮式が関東と関西にわけておこなわれ、関東組は１週遅れで寮に入ったのだが、その時点ですでに関西組のうち５人が辞めていた。さらに３カ月経つと同期は10人以下に。最終的にデビューまでこぎつけたのは俺、ハルク、戸澤、カツオの４人だった。

俺は入門２日後に先輩から「今度の巡業、オマエも付いてきてもらうから」と言われた。巡業にはデビューできそうな練習生が帯同するのが決まりで、俺は早くから目をかけてもらったことになる。その後も巡業には俺やハルクが帯同することが多かった。

高校を卒業したばかりの戸澤は問題児だったため、巡業にはお声がかからなかった。アイツは普段から落ち着きがなく、先輩の話を聞くときに体をフラフラと揺らしよく怒られていた。また、注意されてもふてくされた態度だったため、食らわされることも多かった。

戸澤が先輩たちのターゲットだったのを示すエピソードとして、こんなことがあった。ある日、練習生で巡業用のトラックに荷物を積み込んでいると、戸澤が俺にプロレスごっこを仕掛けてきた。するとそれを少し離れていたところから見ていた先輩が、しめしめとばかりに戸澤に「仕事中に何

やってんだ?」と詰め寄った。

だが、アイツは機転を利かせて「はい、鷹木さんと一緒に遊んでました!」と俺を巻き添えに。そうすると先輩も怒るに怒れず、「そ、そうか……」とバツが悪そうにその場を去ると、戸澤はしてやったりの表情。ただの叱られ役ではなく、アイツは要領のよさも備えていた。

そんなお調子者の戸澤が、俺は同期の中では一番ウマが合った。アイツは3つ年上の俺のことを〝鷹木さん〟と呼んでいたが、こっちに負けず劣らず気が強いため平気で言い返してくるし、くだらない理由で殴り合いになることもあった。俺が一方的にねじ伏せるのだが、互いにあとに引きずらず翌日には何事もなかったかのようによく一緒に行動していたため、周囲からは〝ジャイアンとスネ夫〟と言われていた。

逆に俺はハルクとは普段からまったく会話をしなかった。俺より2つ年上だったためこっちは気を遣う部分があり、自然と避けていたのかもしれない。一方のハルクは何事においても大人の対応を見せていたと思う。というか、普段のハルクはポーカーフェースで何を考えているのか読めないところがあった。誰かとつるむようなタイプでもなく、つかみどころのない人間だった。

陸上自衛隊のレンジャー上がりのハルクは運動神経に優れ、入門当初から受け身もマット運動もお手のもの。キツい合同練習をまるで準備運動のようにこなしていた。しかも自衛隊の厳しい規律の中で過ごしてきたため、雑用仕事をするときもソツがない。何でもこなすハルクのことを、俺はジェラシーを感じつつ「スゴいヤツだな」と一目置いていた。

当時、合同練習の陣頭指揮を取っていたのは、一度引退していた神田裕之さんとスペル・シーサーさんだった。闘龍門道場に入門して初練習のことは、いまでもよく覚えている。

コーチはシーサーさんだった。我々、練習生はストレッチを終えてランニングに出たのだが、ウォーミングアップがてらと軽く思っていたことが大きな間違いだった。道場から出て5分ほど走った所に120段ほどの階段があり、その階段をランニングで往復し始めたのだ。元々、走ることが苦手な俺は「5往復くらいかな?」なんて思っていたが、10往復を超えても終わらなかった。10往復を超えたあたりから、20人ほどいた同期がどんどん歩き出している。俺は初練習で潰れたら絶対にナメられると思い、気合だけで付いて行った。最後の方は何も考えられなくなったが、とにかく最後まで走り抜いた。結果、1時間半ほど走り続けて120段の階段を25往復した。

その〝階段ランニング〟に最後まで付いて行ったのは鷹木、ハルク、戸澤の3人だけだった。最終的に同期で残ったのもこの3人だけだったので面白いもんだ。ちなみにコーチのシーサーさんは平気な顔で走っていたので、プロレスラーの体力にはあらためて驚かされた。その後は道場に戻って、トランプトレーニングや腹筋などの基礎体力トレーニングを中心にして初日の練習は終了。20年のキャリアでこの日の練習が一番キツかったと記憶している。

周りの練習生に比べて体格が大きかった俺は、とくに厳しく指導されたが、首脳陣の中で「アイツを調子に乗らせるな」というお達しがあったのかもしれない。その頃、闘龍門では練習生はウエイト・トレーニングの器具に触れるのは禁止という決まりがあった。「まずは腕立てやスクワットで基礎を作れ」ということだったと思うが、中学時代に教室でダンベルを上げていた俺にとって、これはキツい縛りだった。

だったら自主的に別のジムに通うしかない。そう思い立った俺が道場の電話から近所のジムに問い合わせしていると、たまたま通りかかったシーサーさんに「どうしたの?」と声をかけられた。俺が「ウエイトができないので、近くのジムで自主練をしようかと思っています」と正直に伝えると、驚いた様子のシーサーさんは「そんなに力がありあまってんの? だったら道場の使っていいよ」と、特例でOKしてくれた。

しかしウエイト・トレーニングをやるにしろ、午前10時からの合同練習で2時間も3時間も腕立てやスクワットをやったあとだと、さすがに疲労で重いものも持ち上がらない。そこで俺は朝の掃除を9時に終え、合同練習が始まるまでの1時間をウエイトに当てた。ほかの練習生は「コイツ、合同練習の前に何やってんだ?」と呆れていたと思うが、自分の中では効率を考えた上での行動。俺はガチャガチャとウエイトに取り組み、肉体磨きに精を出した。

大先輩のCIMAさんとカレーを食う仲に。弟分としてプロレスを学ぶ

闘龍門に入門して3カ月後、団体にとって大きな分岐点が訪れた。7月4日の神戸ワールド記念

ホール大会のエンディングで、CIMAさんが所属全選手の闘龍門卒業を発表。そして翌5日に浅草花やしきで公開記者会見がおこなわれ、興行会社の闘龍門JAPANが新団体のドラゴンゲート（DRAGONGATE）としてスタートすることがアナウンスされた。一方のウルティモ・ドラゴン校長はメキシコを中心にプロレス学校としての闘龍門を継続していくことに。

闘龍門創始者のウルティモ校長と袂を分かつことになったわけだが、練習生だった俺は具体的な内幕など知るよしもなく、当時は「そうか、団体名が変わるんだな」程度にしか捉えていなかった。その発表の数日前、俺はグッズ整理の手伝いをしていたときにドラゴンゲートと書かれたTシャツを見て、「へえ、新グッズは〝闘龍門〟が英語表記なのか。これはこれでカッコいいな」と呑気に思っていたくらいだ。

俺がこの独立騒動で気になったのは、校長のお膝元である闘龍門メキシコの所属選手たちのことだった。当時、メキシコを拠点としていた石森太二や岡田かずちか（オカダ・カズチカ）たちと、いつか同じリングに立つ日を楽しみにしていたが、このときは遠のいてしまったと思った。

じつは俺は昔から同い年の石森のことを強く意識していた。まだ俺が浜口ジムにいた2003年1月、フジテレビでWRESTLE－1（武藤敬司ら全日本プロレス選手とK－1の合同プロレスイベント）の東京ドーム大会が放送され、石森が鮮烈な日本デビューを飾った。大舞台で躍動する石森の姿を観て、俺は悔しさで涙が流れてきた。しかも当時の石森の得意技は、その名も〝スーパースターエルボー〟。「こっちはフリーターであっちはスーパースターか……。ヨシ、俺も絶対にのし上がってやるぞ！」と心に誓ったものだ。

さて、始動したばかりのドラゴンゲートは、最初の大きなプロジェクトとしてフジテレビの夏のイベント『お台場冒険王２００４』に参加し、〝毎日プロレス〟をおこなうことを発表した。これは通常の巡業と並行しながら、お台場に作られた特設会場で7月17日から9月5日まで51日間にわたり、プロレスの興行を連日開催するという企画だった。

毎日プロレスではデイリーマッチとして1回につき2～3試合の大会を、朝夕の2部制でおこない、そのほか週末などにプレミアムマッチとして主力選手が揃う特別興行を実施。デイリーマッチは入場料金が１０００円だったため、お台場に遊びに来ていた一見のお客さんも多く訪れ、誕生したばかりのドラゴンゲートの名を広めることができた。

練習生だった俺は、この毎日プロレスに連日帯同。朝から晩まで雑用があったため、会社が借りた会場近くのウィークリーマンションに住みこんだ。そしてセコンドとして試合を観て勉強しつつ、大会の作業終了後に近場のゴールドジムに足を伸ばした。そのうち、先輩たちの中で「大会後にゴールドジムに通っている練習生がいるらしい」と話題になっていたそうだ。

そのゴールドジムが休みのあるとき、俺はドラゴンゲートの選手御用達のフィットネスジムであるミッドブレス初台に行ってみたいと思い、吉野正人さんに「一緒に連れてってください！」とお願いした。すると吉野さんは「俺じゃ決められないから、上の人に聞いてみたら？」と困った顔を見せたため、俺はＣＩＭＡさんに直談判。いま思うと、練習生が団体のトップにお願いをするなんて図々しいにもほどがある。新日本プロレスに入門したてで「棚橋（弘至）さん、ジム行きましょう！」と言うようなもので、われながら型破りだ。だが、ＣＩＭＡさんはそんな俺を面白いと思ってくれたのか、「オオ！　行こう行こう！」とノリノリで応えてくれた。

それ以降、ＣＩＭＡさんと毎日のように一緒に行動し、練習後には近所のＣｏＣｏ壱番屋でカレーをごちそうになるのがルーティンとなった。そのうち、俺は会社から正式にＣＩＭＡさんの付き人をやるように言われた。ちなみに当時、ハルクがすでにマグナムＴＯＫＹＯさんの付き人を務めていた。初めての付き人で勝手がわからない俺は、ＣＩＭＡさんに「僕は何をすればいいですか？」と尋ねた。するとＣＩＭＡさんは「別に何もしなくてええよ。いままでどおりでええから」と答えた。

これはＣＩＭＡさんの行きつけのお店に行ったときの話だ。店員さんは俺を見やると、ＣＩＭＡさんに「お付きの人ですか？」と尋ねた。するとＣＩＭＡさんは「付き人？　いや、友だちです！」と、俺を見て笑った。

ＣＩＭＡさんは自身の著書で、俺について「何一つ教えたことなどない。洗濯や雑用を頼むわけでもない。ただ一緒にメシ食って一緒にジムに行く。それくらいのもんや」と書かれていた。これは半分当たっているが、半分は間違っている。俺はＣＩＭＡさんとの会話を通し、プロレスや社会のことを勉強させてもらった。そして、直感とひらめきに優れたＣＩＭＡさんが「俺、いけると思うんだよね」と発信したアイデアが、成功する場面を何度も見てきた。ＣＩＭＡさんの近くでプロレスが学べたことは、俺にとって幸運なことだったと思う。

リングネームは「〝信念〟と〝覚悟〟」。デビュー戦でCIMAさんから100点をもらう

ある日のジム帰り、CIMAさんがカレーを食べながら唐突に「10月くらいにデビューできそう?」と聞いてきた。生意気な俺が「まあ、やれと言われたらやりますよ」と偉そうに答えると、そこから話はトントン拍子で進んでいった。

そして俺はドラゴンゲートの生え抜きレスラー第1号として、10月3日の博多スターレーン大会でデビューすることが決定。初代オープン・ザ・トライアングルゲート王者を決める6人タッグリーグ戦『Rey de Parejas』にC-MAX所属のCIMAさんとTARUさんとのトリオで出場し、その開幕戦となる博多大会でヒールユニット〝悪冠一色(アーガンイーソー)〟の近藤修司&〝brother〟YASSHI&菅原拓也組を相手に、ついにプロレスラーとして初陣を迎えることになった。

当初、CIMAさんとTARUさんと組むのは〝X〟と発表されていた。そして開幕戦直前の『週刊プロレス』と『週刊ゴング』に、俺は〝X〟の正体として取り上げられ、それぞれ期待のルーキーとしていきなりカラー2Pで誌面を飾った。このときの俺はCIMAさんの「C-MAXの枠に収

まらない、ドラゴンゲートのニュージェネレーション」という一声で、無所属として出場することになった。

誌面では俺のプロレス入り前の経歴は一切伏せられ、〝謎多き新人〟や〝並みの新人とオーラが違う〟といった響きのいい言葉が並んでいた。秘密のベールに包んだのは「アイツは何者だ?」というファンの注目を引きつけるほかに、もう一つの理由があったそうだ。

それまで闘龍門JAPAN時代の新人は、デビュー直前にメキシコで最終調整をし、現地で初戦をおこなうのが通例だった。俺は日本での純粋培養となったが、首脳陣の中で「もしデビュー前にくわしい素性を明かすと、〝メキシコ〟に連れていかれるかもしれない」という警戒心があったらしい。図らずもメキシコから距離を取るかたちになった俺が、いまはメキシコをルーツに持つロス・インゴベルナブレス・デ・ハポンに所属しているのも面白いものだ。

リングネームは「鷹木信悟」に決定した。俺の本名は「信《しん》」の一文字で、これは両親が山梨の英雄である武田信玄や、織田信長といった偉大な戦国武将たちにあやかって名付けてくれたものだ。その本名に「悟」をつけ足したのには、いくつか理由がある。まず個人的に四文字熟語が好きで、いずれビッグマッチで自分の名前がビジョンに映るときに漢字3文字よりも4文字のほうがシックリ来るということ。そして、師匠のアニマル浜口さんの本名である「平吾《へいご》」から〝吾〟をいただき、〝覚悟〟の〝悟〟にアレンジ。これは自分が大好きな『ドラゴンボール』の主人公である「孫悟空」の名前にもかかっている。リングアナがコールするときも「シンゴ〜」ではなく「シンゴ〜」のほう

2004年10月3日のデビュー戦直前、CIMAさんの謎のタッグパートナー「X」の正体として週刊プロレスで大々的に取り上げられた。CIMAさんから「いつからいたのかわからないけど、異彩を放っていた。普通の新人って感じではなかった」と紹介された

2004年10月3日・博多スターレーンでデビュー。CIMAさん、TARUさんとトリオを結成した。持ち前のパワーで場内を沸かせることに成功

が語感の響きもいい。このリングネームを思いついたときは、「〃信念〃と〃覚悟〃……闘う者にふさわしい名前だな」と、われながら悦に入ったものだ。

こうして俺のプロレスデビューはお膳立てが整ったわけだが、当の本人は「えらいハードルが上がったな」と珍しくナーバスになり、プレッシャーを感じていた。なぜなら俺はその時点で、リング上での練習は受け身とロープワークくらいしかやっていなかったからだ。デビューが決まり慌ててドロップキックの練習を始めたものの、それを見た先輩たちからは「オマエはやらないほうがいいな」と言われてしまった。薄々は気づいていたものの「やはり飛び技のセンスはなかったか」とちょっぴり傷ついた俺は、持ち前のパワーを活かした技の習得に励んだ。

そして迎えた10月3日、博多のデビュー戦。よくプロレスラーは「デビュー戦は緊張で覚えてない」と振り返っているが、俺はハッキリと脳裏に焼きついている。デビュー戦決定直後こそプレッ

シャーもあったが、本番当日はリラックスし、新人にもかかわらず肉体の見栄えをよくするためベビーオイルを塗りたくった。

その新人らしからぬふてぶてしさが、悪冠一色にも伝わったのだろう。反則お構いなしのファイトでボコボコにされた俺は、最後に近藤さんのキングコング・ラリアットの前に撃沈。プロの厳しい洗礼を受けた試合後、「これを年間150試合以上もやるのか……」と一瞬気が遠くなった。

だが、俺はデビュー戦で手応えも感じていた。団体きってのパワーファイターである近藤さんをブレーンバスターでぶっこ抜いた瞬間、場内は大爆発。〝西の聖地〟と呼ばれた博多スターレーンは熱が生まれやすい会場だったこともあり、俺は思わず「いきなり人気レスラーの仲間入りか？」と勘違いしかけるほどだった。試合後にＣＩＭＡさんから「信悟、100点や！」と合格点をもらい、〝鷹〟の爪あとを残した俺は「ヨッシャ、ここから駆け上がっていくぞ！」と気合が入った。

ＣＩＭＡさんのユニットで〝かわいがり〟を受ける

2004年は誕生したばかりのドラゴンゲートにとって激動の1年となった。主力選手だったＳＵＷＡさんやＴＡＲＵさんが退団し、12月31日には〝悪冠一色〟がメンバー5人揃って素行不良を理由に解雇処分に。この混沌とした状況を、俺は「キャリアに関係なく飛び抜けるチャンスだ！」と捉えていた。

そして俺は年が明けた2005年1月14日の後楽園ホール大会で、CIMAさんが新たに立ち上げたユニット〝ブラッドジェネレーション〟（以下、BG）に加入。BGにはC-MAX時代からのCIMAさんの盟友のドン・フジイさん、伸び盛りの先輩である土井成樹さんと吉野さん、そして元・大阪プロレスのマグニチュード岸和田さんらが加入し、ドラゴンゲートの一大勢力となった。

その中でもっともキャリアの浅かった俺は、一人格下と見られないように必死だった。当時、CIMAさんは「BGに土井、吉野、鷹木という〝金の卵〟が3つ揃った」と発言。俺はその先輩2人に追いつけ追い越せという気持ちだったが、当時イケイケだった土井さんと吉野さんからは「まだまだオマエには負けへんよ」という空気を感じた。

フジイさんはBGの潤滑油のような存在で、俺にとってはCIMAさんと並び影響を受けた先輩だ。大相撲出身のフジイさんは、天龍源一郎さん率いるWARの営業担当を経て闘龍門に入団。若い選手が多かった当時のドラゴンゲートの中ではさまざまな面で昭和を感じさせる人で、俺が試合ですぐに派手な動きを見せようとすると「そうじゃないんだよ、プロレスは」と何かとアドバイスをもらった。

俺に酒を教えてくれたのもフジイさんだった。というか、俺がいまだにビールが苦手なのはフジイさんのせいだと思っている。あの人に酒の席でさんざん飲まされ、体が自然とビールに拒絶反応を示すようになってしまったのだ。角界の流儀なのか天龍イズムなのかはわからないが、とにかくリング内外で古きよき時代のプロレスラーを体現するような人だった。

BGではプロレスの技術もさることながら、精神面でも鍛えられた。俺以外のメンバーは関西出身で、最初の頃はその関西弁の嵐にかなり面食らった。挨拶がわりのように「アホ!」「ボケ!」「カス!」という言葉が飛び交い、額面どおりに受け取ってふてくされた俺はあるとき、関西出身の友だちに「大阪の人って、みんなこんなにキツいの?」と相談した。すると「別にそんなことないで」と返され、俺は「ホンマかいな!」とア然。単純にBGは口の悪い人間の集まりだったのだ。でも、そこで忍耐力がつき、さらにのちの俺の傍若無人なマイクアピールに活かされた……ということにしよう。

また当時、BGで車移動するときは、俺が運転手を務めることが多かった。連戦の疲れでみんなが寝ている中、俺は事故らないように気を張って運転。ある日、カーナビが壊れてしまい、スマホもなかったため、道を間違えれば「何やってんねん、アホンダラ!」とどやされた。「チクショー、この鬱憤を試合でぶつけてやる!」と思いつつ、その試合会場に無事に着けるかどうか冷や冷やしながら運転した。こんな俺にもちゃんと下積み時代はあったのだ。

対戦相手のカレー・マンが「デビュー10カ月? 10年の間違いだろ」と絶句

ドラゴンゲートは年間興行数が160~180と、プロレス業界の中でもトップクラスの団体だ。

デビューしてからアメリカ武者修行に行くまでの1年半は、驚異の新人と呼ばれた俺でもかなりしんどかった。

しかも俺はトップ陣との試合があたりまえだったため、先輩たちのフィニッシュ技を食らいまくっていた。いま思えば揉まれに揉まれた、いい環境だったと思う。また、2005年の夏は前年に続き『お台場冒険王』で毎日プロレスがおこなわれ、俺は開催期間中に80試合以上をこなした。デビュー1年に満たない新人が、それだけの場数を踏めるのは貴重だ。いかにお客さんを興奮させるか、あのときに俺はプロレスというものをだいぶ覚えたと思う。ちなみに海外のファンが調べてくれたのだが、2005年は202試合もしていたようだ。それはイヤでもプロレスを覚えるよな。

毎日プロレスの合間を縫って、俺はCIMAさんの誘いで初の海外遠征も経験している。ドラゴンゲートの海外進出を視野に入れていたCIMAさんが、その足がかりとして選んだのはアメリカのROH。いまでこそ名前がプロレスファンのあいだでは広く知られているROHだが、当時はまだ旗揚げして3年目のインディー団体。ただ、当時から定期的に日本人レスラーが参戦し、現地ではコアなファンのあいだで人気を博していた。

俺たちは現地時間8月27日、アメリカ・ニューヨーク州バッファローのペプシセンター大会に出場し、CIMAさんがAJスタイルズ、俺がカレー・マン（クリストファー・ダニエルズ）と、共にROHを代表する選手と対戦することに。カレー・マンはあのブライアン・ダニエルソンと共にIWGPジュニアタッグ王座を戴冠したこともある実力者で、当時から海外インディーマットで名

デビュー10カ月でアメリカ遠征を体験。2005年8月27日(現地時間)、アメリカ・ニューヨーク州バッファローのペプシセンターで開催されたROHの大会でカレー・マンと対戦し、敗れるも高い評価を受けた

を馳せていた。しかし、俺はそんなことはまったく知らなかったため、控室で普段どおりにリラックスしていると、逆にガチガチに緊張しているＣＩＭＡさんは「どんな心臓しとんねん！」と呆れていた。

そして、キャリア10カ月の新人のクセに「日本のプロレスを教えてやる！」という気概で臨んだカレー・マン戦は、現地のファンも大興奮。結果は敗北となったが、試合後に俺のキャリアを知ったカレー・マンは「10カ月だと？　10年の間違いじゃないのか？」とビックリしたらしい。

あれだけ緊張していたＣＩＭＡさんもドラゴンゲートの底力を示すように、のちにＩＷＧＰヘビー級王座やＷＷＥ王座を獲得したＡＪと好勝負の末に勝利。大会後、俺たちはＲＯＨの関係者から「またいつでもウチに上がってくれ」

と握手を求められた。

俺とＣＩＭＡさんは帰国後、そのまま成田空港からお台場に直行し毎日プロレスに出場。強行日程の遠征となったが、異国の地で自分のファイトが受け入れられたことに俺は大きな達成感があった。そしてこの遠征の成功以降、ドラゴンゲートの選手たちはＲＯＨをはじめ、プロレスリング・ゲリラやＴＮＡなどアメリカの各団体に呼ばれることになった。

天龍さんからいただいた「トップ獲りのための金言」

ドラゴンゲート最高峰のシングル王座であるオープン・ザ・ドリームゲート（以下、ドリームゲート）。俺はそのベルトに２００５年9月18日、札幌テイセンホール大会で初めて挑戦した。このときは団体最高年齢（当時35歳）の王者・望月成晃さんの「若い選手の挑戦を受けたい」という言葉に端を発し、俺が同期のハルクをねじ伏せて挑戦権を獲得。キャリア11カ月で異例のチャレンジを果たすことに。

俺は王者を若さと勢いで果敢に攻めるも、望月さんの打撃の前に次第に劣勢となり、最後は真・最強ハイキックの前に敗北。バックステージでＣＩＭＡさんは「もうトップの一角やな」と褒めてくれたが、自分の中では「もっとやれたはずだ」という思いが強かった。わずか1年前に練習生だったことを考えれば、天狗になってもおかしくなかったと思う。しかし、周りを見れば自分より運動能力に優れた選手や、体の大きい選手もいる。俺は自信を持ちつつも、常に「まだまだこんなもんじゃない」という反骨心があった。

望月さんは北尾光司さん率いる武輝道場の出身で、WARをはじめさまざまな団体で活動したのち、闘龍門JAPANにたどり着いた選手だ。バックボーンの空手を活かしたファイトスタイルは、ドラゴンゲートの中でも異質といえるだろう。望月さんは感情の伝わるファイトでお客さんのハートをつかむのがうまく、俺が札幌でドリームゲートに挑んだ試合も、会場は若き挑戦者ではなく王者に大声援を送っていた。

これは俺が新日本プロレスに移籍してからの話だが、ドラゴンゲートを初観戦した知り合いから「望月さんと鷹木さんの試合は似ている」と言われたことがあった。きっと闘いを通し、俺は望月さんから影響を受けた部分があったのかもしれない。

望月さんが上がっていたWARといえば、同じ武輝道場出身の岡村社長や闘龍門の創設者であるウルティモ・ドラゴン校長も縁のあるリングで、ドラゴンゲートの一つのルーツともいえる団体だ。フジイさんはその営業担当出身だし、マグナムさんもウルティモ校長の付き人として出入りしていたそうだ。

そのWARの総帥であり、俺がプロレスファン時代から憧れていた〝ミスタープロレス〟こと天龍源一郎さんが、2005年10月10日にドラゴンゲートの顧問に就任した。それまでもドラゴンゲートにスポット参戦していた天龍さんの存在、そしてアドバイスはまだ20代の選手ばかりだったドラゴンゲートに大きな厚みをもたらしたと思う。

個人的に天龍さんの闘いで印象深いのは、1980年代後半に全日本プロレスで〝天龍革命〟を掲げジャンボ鶴田さんと繰り広げた一連の抗争だ。〝怪物〟鶴田さんを相手に一歩もひるまず立ち向かう天龍さんの姿に、俺は魅せられた。プロレスファン時代に三沢光晴さんや川田利明さんらの〝四天王プロレス〟に興奮していた俺は、そこから遡り天龍さんと鶴田さんの試合映像を観たときに「四天王の激しい闘いのルーツは鶴龍対決にあるんだな」と実感した。あれだけ大きな体格の2人が繰り広げるスピーディーな攻防は、プロレスの迫力や凄さが詰まっている。ぜひ全プロレスラーとプロレスファンに観ることをおすすめしたい。

天龍さんが顧問に就かれたあと、俺は2005年11月4日の大阪大会でタッグマッチながら胸を借りる機会が訪れた。試合前の緊張もあってトイレの個室に5分ほど篭り、用を足して外に出るとそこにはガウンを羽織った天龍さんが立っていた。天龍さんは即座に「俺と対戦する直前にウ〇コしてるなんていい度胸だな」と口にして薄ら笑いを浮かべていた。俺の緊張はさらに高まった。

試合では天龍さんの妥協のないゴツゴツした攻撃に「これが天龍源一郎か！」と、痛みと同時に喜びを感じたものだ。あとにも先にも天龍さんと同じリングに立ったのはこのときのみであり、俺にとっては忘れられない思い出の一戦となっている。

この時期にBGのメンバーで、天龍さんが当時経営されていた『鮨処《すしどころ》しま田《だ》』に食事会で伺ったこともあった。しかし、俺は緊張と慣れない酒のせいか、最後に天龍さんがお話をされている最中に、油断しアクビをもらしてしまった。それに気づいた天龍さんは「締めの言葉を言おうと思ったけど、鷹木がアクビしたから帰るよ」と、冗談とも本気ともつかない様子で席を立たれて、大いにアセッたこともあった。

もう一つ、天龍さんとのエピソードで忘れられないのが2006年7月2日の神戸ワールド記念ホール大会での出来事だ。当時テキサスで修業中だった俺は、その大会に一時帰国。当日は俺が車で天龍さんを、新神戸駅から会場までお連れすることになった。プロレス界の重鎮の隣で俺が緊張して運転していると、天龍さんは場を和らげようとしたのか気さくな感じで話しかけてくれた。テキサスで修行経験のある天龍さんが「鷹木、アマリロのあの会場は行ったか？　ビックリするくらい汚くてな（笑）」と、俺の名を呼びかけながら思い出話をしてくれたことに感激した。

何度か天龍さんとお話させていただいて感じたのは、普段からいろいろなプロレスを観られているということだ。大御所にもかかわらず、常にアンテナを広く張っていることに俺は驚いた。また、天龍さんからは「エントランスから入ったら、そこからは花道の歩きかたもすべてが〝技〟だと思え」「コーナーに控えているときもファンは観てるから、常に気は張っておけよ」など、さまざまな教えを受けた。

中でもとくに胸に響いたのが「早くトップに立て。早ければ早いほど、長くそのイスに座ってられるからな」という言葉だ。天龍さんが天龍同盟を結成し、鶴田さんとの抗争でファンの絶大な支持を集めたのは30代後半で、それから全日本を退団しＳＷＳのエースとなったときには40代に差し掛かっていた。

「俺も早くトップに立ってたら、もうちょっと楽に生きられたかもな(笑)。鷹木、目の前にそのチャンスがあるならガムシャラにつかみにいけよ」

自身の経験に裏打ちされた天龍さんの言葉は、いつも含蓄と説得力に満ちていた。新日本移籍以降の俺の技には龍魂エルボーや龍魂ラリアット、そして龍魂パワーボムにグーパンチ&逆水平チョップの龍魂コンビネーションと〝龍魂〟の2文字を冠しているが、そこにはドラゴンゲート出身というのに加え、天龍さんへの敬意が込められている。

また、この年4月にはイタリアン・コネクションの中心だったミラノコレクションA.T.さんが、アメリカへの無期限のプロレス留学を発表し、ドラゴンゲートに別れを告げた。現在はプロレス中継の名解説者として知られるミラノさんは当時から理論派であり、俺も「この技はこうしたほうが見栄えがいい」とアドバイスをもらったものだ。

ほかにも俺はミラノさんからリング外での仕事も教わった。ドラゴンゲートは所属選手それぞれがトラックの運転や営業などスタッフ業務を兼任し、ミラノさんは宿泊先や移動手段の調整を担当。その作業を俺が引き継ぐことになり、ミラノさんは大雑把な性格の俺がわかりやすいように丁寧に教えてくれた。

ちなみにホテルや旅行会社とのやりとりの中で、俺は表に出る人間が事務的な作業でリングネームを使うことにどこか恥ずかしさがあり、偽名として、シンガーソングライターの長渕剛さんがド

長く日本プロレス界のトップを張ってこられた天龍さんのアドバイスは胸に染みわたるものばかりだった。写真は2015年4月、天龍さんが週刊プロレスで連載されていた対談企画『龍魂継承』に呼んでいただいた時のもの

ラマ『とんぼ』で演じていた「小川英二」を名乗っていたのも、いまとなっては懐かしい。

俺は現在、たまに新日本の中継番組でゲスト解説を務めることがあるが、〝ミラノ先輩〟から絶妙なツッコミを受けるのが密かな楽しみになっている。

アメリカ遠征において「無名選手」であることを実感

2006年3月、ドラゴンゲートはヒューストンにUSA支社とUSA道場をオープンした。これは若手選手の遠征や、海外選手の発掘の拠点として誕生したものだ。

そして俺はこの年の5月10日の後楽園ホール大会で、当時のドリームゲート王者である横須賀享(現ススム)さんを相手に壮行試合をおこない、無期限のアメリカ武者修行へと旅立った。ドラゴンゲートからは初の単独での海外長期遠征となったが、これは自分自身の希望も強かった。当時はBGが分裂騒動の真っ只中で、そのゴタゴタに巻き込まれたくなかった俺は環境を変えたかったのだ。さらに1年前のROH遠征で手応えを感じていた俺は、「自分に足りないものをアメリカで補って、日本に戻ってきたら一気に頂点まで駆け上がってやる!」と野望に燃えていた。

俺はヒューストンでUSA支社長にアパートを用意してもらい、現地在住の一般のメキシコ人とルームシェアをした。だが、とくに日常的に会話をかわしたわけではない。同じ時間帯に部屋にいるのが少なかったのと、そもそも俺は英語がまったくしゃべれなかったからだ。ジムでエアロバイクを漕ぐときは英語の参考書を読んでいた。

勇んでアメリカに乗り込んだ俺だったが、まだまだ海外では無名。当時はROHも大会数が多くなかったこともあり、俺は試合をするためにつたない英語を駆使していろいろなインディー団体に「試合をさせてほしい」と売り込んだ。だが、無名の選手に交通費まで出してオファーをくれる団体は少なく、どうしても活動範囲は限られてしまう。テキサスとフロリダ、たまにロサンゼルスに足を伸ばしたくらいだ。

それでも俺がコスチュームを持って会場に乗り込み、プロモーターに事情を話すと、その場で「じゃあ、今日試合してくれ」ということもあった。逆に手ブラで観客として会場に行き、「オマエ、ドラゴンゲートのレスラーだよな？　せっかくだから試合に出てくれ」と急きょ頼まれることも。そんなときはTシャツの袖を引きちぎり、ジーパン姿の〝邪道スタイル〟でリングに上がった。

海外での試合数は月に多くても8試合程度。インディー団体だから集客もまばらで、観客数が20人くらいの会場でも試合をした。当然、ギャラは安い。100ドル以下のオファーは受けないようにしていたが、試合後に50ドルしか渡されずアメリカインディーの洗礼を浴びたこともあった。

だが、それがその時点の自分の価値だからしかたない。試合で観客を惹きつけ、名前だけでも覚えてもらおうとリングネームは〝SHINGO〟として活動した。当時、同じようにインディーの大会に出場していた選手で、のちに名を成した選手は何人かいるが、一番はブライアン・ダニエルソンだろう。あのダニエルソンがフロリダの小さな体育館で、100人に満たない観客の前で試合をしていた。また、遠征中には俺が山梨で初めてプロレスを観た、IWAジャパンの大会に出場していたザ・ヘッドハンターBとシルバー・キングと、異色のトリオを組んだこともあった。山梨から遠く離れたテキサスでの奇遇に、「人生っておもしれえもんだな」と思ったものだ。

プロレスラーの海外修行といえばハプニングがつきものだ。俺はヒューストンの中でも治安の悪い地区に住んでいたが、とくに危険な目には遭遇しなかった。ただ、一度だけジムからアパートに帰宅したときに、玄関がぶち破られ室内を荒らされていたことがあった。とくに金目のものもなかったので大きな被害はなかったが、USA支社長に話したら「さすがに出たほうがいいな」と言われ、新しいアパートに引っ越した。たまたま俺もルームメイトも不在だったからよかったものの、もし銃を持った強盗に出くわしていたらどうなっていたのか。よくよく考えると、十分危険な目に遭っていたようだ。

吉江戦で真っ向勝負スタイルに開眼。マスカラスを激怒させてしまった!

この海外修業中、俺は会社からの要請を受けて2006年7月2日の神戸ワールド記念ホール大会に出場。当初、俺は一時帰国とはいえ日本で試合することに抵抗を感じたが、団体の年間最大イベントに出たい気持ちがあったのと、ドラゴンゲート以外の大きな選手を用意してもらうことを条件に受け入れた。そして対峙したのは元・新日本プロレスで当時はフリーの吉江豊選手。結果的にこの試合は、自分の中でプロレスラーとしての方向性が決まるような闘いとなった。

俺は周囲からドラゴンゲートが「みんな体が小さく、ルチャっぽい動きを見せる」と色眼鏡で見られるのが嫌だった。俺が理想とするのはどんな相手だろうが真っ向からぶつかっていくスタイル。それを示すのに160kgある吉江選手は打ってつけで、俺はその巨体を意地で担ぎ上げ、そしてブン投げてみせた。

最後はダイビング・ボディープレスの前に敗れたが、試合後に清々しい気持ちだった俺は、浜口ジムの先輩でもある吉江選手に挨拶に行った。すると吉江選手は「なんか棚橋と試合してる気分だったよ」とボソッと一言。俺は「エッ？向こうのほうが男前なのに」と戸惑ったが、当時の髪型やファイトスタイルなど何か似通った部分を感じ取ったのかもしれない。

この神戸大会のあと、俺は再びヒューストンに戻り海外修行を続けた。しかし、俺は試合中に拳を骨折するアクシデントに見舞われてしまう。対戦相手であるホミサイドの頭部

2006年7月2日・神戸ワールド記念ホールで元・新日本の吉江豊選手とシングル対決。巨漢の吉江選手と、俺が追い求める「肉弾真っ向勝負」をすることができた!

を試合開始1分くらいで殴った際、右手の甲が「バキッ！」と音を立てた。すぐに俺は一旦場外に出ると「こりゃ折れたな。でも、英語でレフェリーにうまく伝えられないし、開始早々に終わったらお客さんに悪い。どうせしばらく欠場になるなら」と考えを巡らせ、そのまま試合を続行。

その結果、右手は完全に骨折。そんな状態でも俺は数試合をこなしたが、それも限界が来たため、俺は日本に再び戻り手術をし、右手にボルトを入れることに。再びテキサスに戻るも俺はしばらく試合ができず、7月22日（現地時間）にフィラデルフィアで開催されたドラゴンゲートUSAのプレ旗揚げ戦も無念の欠場に。会場でＣＩＭＡさんやハルクが歓声を集める姿を観て、いても立ってもいられなかった俺はその後、右手に包帯を巻いたまま復帰している。

この遠征の終盤にはテキサスで、あのレジェンドレスラーであるミル・マスカラスとタッグマッチで対戦。俺にとっては試合前後も含め忘れられない経験となった。対戦カードは記憶が曖昧なのだが、ザ・ヘッドハンターやブルー・デモンJr、ラ・パルカら手練の選手がいる中で、日本人のヤングボーイが紛れ込んでいるような感じだった。その中でもマスカラスは別格的存在で、当時でも60歳を軽く超えていたはずだ。

試合はマスカラスが相手の技を受けようとせず、自分のいいところばかりをアピールするような展開となった。これはあとで知ったのだがマスカラスは昔からエゴの強いレスラーとして有名で、そのときの試合も仮面貴族の独り舞台になるのは、ほかのレスラーからすれば暗黙の了解だったのだろう。

若手時代にアメリカでの対戦で怒らせてしまったミル・マスカラスと、2013年4月に開催されたNOSAWA論外さんの興行で再会。ちゃっかりと記念写真を撮った

しかし、若かった俺はそれを理解せず、さらに会場に日本人の知り合いが訪れていたので、いいところを見せようと気合が入っていた。しかも試合前、マスカラスに挨拶に行くと「ジャパニーズヤングボーイか。日本はいい国だな、昔から俺のファンがたくさんいる。ヒロヒト（昭和天皇）もコイズミ（小泉純一郎）もこの俺を応援してたからな」と、にわかに信じがたい自慢をされて少しカチンと来ていた。

「日本の要人を呼び捨てにするなんて無礼なオッサンだな。ヨシ、試合で日本の魂をぶつけてやる！」と、俺は試合で独壇場のマスカラスに「バチン！」と強烈な逆水平チョップを打ち込んだ。

その瞬間、会場が大きなどよめきに包まれる中、マスカラスは俺にだけ聞こえるくらいの声で「MOTHER FU○KER……（クソッタレ）」とキレてしまった。様子を察知した自軍コーナーのレスラーに「シンゴ！戻ってこい！」と呼ばれた俺はパートナーにタッチ。以降、俺とマスカラスのマッチアップはないまま、試合は終了した。

そして試合後、ことの大きさを自覚してない俺は、マスカラスのもとに呑気に記念撮影をお願いに行った。すると素顔のマスカラスは鬼の形相で俺をにらみつけ、ほかに控室にいたレスラーを外に全員出すと、プロモーターに「なんでこんな若僧を使ったんだ!」と怒り心頭。そして俺に「次に会ったときは覚えてろよ!」と吐き捨てた。俺は「こんなジイさんに負けるわけないじゃん」と思いつつ、「ソーリー」と謝罪した。若かったといえばそれまでだが、俺のナメられたくないという気持ちが起こした一騒動だった。

この後日談としては、2013年4月に新宿FACEで開催されたNOSAWA論外さんの興行で、俺はマスカラスと再会。絶対にあの無礼なヤングボーイのことは覚えてないだろうと思った俺は、「ナイストゥーミーチュー!」と初対面を装い、あのとき叶わなかったマスカラスとの記念撮影をちゃっかり実現している。

キャリア3年で早くも代名詞技 〝ラスト・オブ・ザ・ドラゴン〟完成!

2007年3月3日(現地時間)、俺はROHのイギリス・リバプール大会で土井さんと共にブリスコ・ブラザーズ(ジェイ&マーク・ブリスコ)を下し、ROH世界タッグ王座を獲得した。それまでドラゴンゲートの選手が挑戦しても手が届かなかったベルトを巻いたのは、この遠征のハイライトになった。しかも最後は、俺がこの遠征中に開発したラストファルコンリー(現ラスト・オブ・ザ・ドラゴン）でマークを撃破。見たことがない技にイギリスのファンが蜂の巣をつついたように沸き返るのを見て、俺は「よし、自分の代名詞になるフィニッシュ技もできた、これで天下を獲るぞ！」と手応えを感じていた。

このときの俺はROHのタッグベルトのほか、テキサス州オースチンにあるQFCのヘビー級王座、さらにサンアントニオのSTPWのテキサスヘビー級王座も保持し、キャリア2年ながら3本のベルトを保持。3冠王者になったのはあとにも先にもこのときだけであり、ローカル団体のベルトかもしれないが誇らしかった。

2007年3月3日（現地時間）にイギリス・リバプールオリンピアで、土井成樹さんとのコンビで日本人選手として初めてROH世界タッグ王座を獲得

じつは凱旋帰国のときにQFCのベルトを持ち帰ってきたのだが、アメリカ人レスラーに「ソレ、WWEのオモチャのレプリカベルトにちょっと飾りをつけているだけだぞ」と指摘され、会場でのお披露目を控えたのはここだけの話だ。ちなみにQFCのベルトを取ったときは、たまたま母親がテキサスまで旅行がてら観戦に来ていた。ベルト姿で母親と撮った記念写真はいまも実家に飾ってある。

残念ながらROHタッグのベルトは、3月30日（現地時間）にミシガン州デトロイトの大会でブリスコ・ブラザーズに奪還されてしまった。この直後に会社からの要請もあり、俺は海外修行から約1年で凱旋帰国を果たすことに。当時、俺は専門誌のインタビューなどでは「最初から修行期間はキリよく1年と決めていた」と発言していたが、海外マットがようやく楽しくなってきた時期だったこともあり、もう少しアメリカで腕を磨きたかったのが本音だった。

当時のROHはブライアン・ダニエルソンを中心にサモア・ジョーやサミ・ゼイン、セス・ロリンズとのちの大物スターたちがせめぎ合っていた。いま思うと現在の新日本の若手のように海外で2～3年過ごしていたら、そのあいだにROHのシングル王座も獲得し、また違う世界が広がっていたような気がする。ただ、ドラゴンゲートとしては「鷹木を早く〝商品〟にしないと。それにアイツを長いこと海外で自由にさせたら、ヘンな気を起こして帰ってこない可能性が高い」と思ったのかもしれないし、それはそれで賢明な判断だろう。

じつはこの海外修行中、WWE入りのチャンスが舞い込んだこともあった。それはWCWやWWEで活躍したブッカーTが運営する、ROWという団体のレスリングキャンプに参加したときのことだ。ブッカーTはスパーリングでの俺の動きを観ると、拍手を送りながら「ユーならWWEに入れるぞ！　俺が英語の勉強費用も出してやる」と手放しで絶賛。素直に嬉しかったが、当時の俺はWWEという巨大組織にとくに興味もわかず、結局ブッカーTに連絡することはなかった。とかくプロレスの世界は〝たられば〟という話が多いが、もし俺がWWEを目指していたらどうなっていたのか、それは神のみぞ知るところだ。とにもかくにも日本に帰国するからには、狙うはドラゴンゲートのトップのみ——24歳の俺は燃えさかる野望を胸に、テキサスの地をあとにした。

共同生活で思い知ったYAMATOの性分

俺が凱旋帰国を果たしたのは、２００７年4月17日の後楽園ホール大会。ハルクに呼び込まれるかたちで事前予告なしのサプライズ登場を果たした瞬間、場内にはものすごい歓声が巻き起こった。自分への想像以上の期待を感じた俺は、ハルク、サイバー・コング（現・吉田隆司）と共に新世代ユニット「ニューハザード」を結成。後輩のＹＡＭＡＴＯ（当時・小野寺大和）も、すぐに俺たちに合流した。

当時、俺の身近な先輩だったＣＩＭＡさんはタイフーン、そして土井さんと吉野さんはマッスルアウトローズとして活動し、シ烈なユニット抗争を繰り広げていた。俺はそのどちらかの軍団に加入したところで、自分のポジションが海外修行前と同じなんじゃないかと思った。ほかのユニットのコマの一つになったら、海外で〝ＳＨＩＮＧＯ〟として一人で生き抜いた意味がない。そこで俺は凱旋帰国という注目されるタイミングで、新しいムーブメントを起こすべく同世代のハルクやサイバーと共闘することを選択した。

このときはまだキャリア1年に満たなかったＹＡＭＡＴＯもまた、俺のキャリアを語る上では欠かせない男だ。総合格闘技をバックボーンに持つＹＡＭＡＴＯは、俺が海外修業中だった２００６年７月にドラゴンゲートでデビュー。その後、若手ナンバーワンを決めるＮＥＸ－１トーナメントで優勝すると、２００７年１月から海外修行としてテキサスに乗り込み、俺が凱旋帰国するまでの約３カ月にわたり共同生活をおこなった。

俺にとって１つ年上の後輩となるＹＡＭＡＴＯは、調理師免許を持っていたため料理がうまく、同居人の身としてはありがたかった。さらにスパーリングパートナーとしても、腕に覚えのあるＹＡＭＡＴＯは打ってつけだった。俺としては仲よくしていたつもりだったが、いま思うとそれなりに衝突もした。あいつにすれば傲慢な俺を疎ましく感じただろうし、逆にこっちからすると「手先が器用なわりには意外といい加減な性格だな」と感じる部分もあった。

ある試合帰りのとき、俺はＹＡＭＡＴＯにヒューストン空港まで車で迎えにきてもらった。それ自体はありがたいのだが、ＹＡＭＡＴＯが車内に鍵を置いたままロックしてしまったため、日本のＪＡＦにあたるロードサービスが到着するまで待つはめに。ようやく車に乗れたと思いきや、アイツは運転がとにかく荒く、試合帰りで疲れている先輩を労わるような気配はなし。ＹＡＭＡＴＯは繊細さと大雑把な部分、その両方を持つ男だった。

これはあくまで俺の言いぶんであり、彼自身も俺に言いたいことは山ほどあるに違いない。ドラゴンゲートではＹＡＭＡＴＯとは共闘する場面よりも敵対関係のほうが長かったが、その一つの要因としてヒューストンの共同生活でＹＡＭＡＴＯが、「この人と一緒にいたら振り回される」と思ったのが根底にはある気がする。

ちなみにYAMATOの前に、俺はサイバーともヒューストンで共同生活を送っている。10代の頃からアームレスリングで活躍していたサイバーは、2004年頃に新日本プロレスの旧LA道場に入門。しかし、帰国後に新日本デビューの夢は叶わず、ドラゴンゲートに入団。そしてまたアメリカに戻り、ドラゴンゲートUSAの所属選手第1号となった。

最初、日本で挨拶をされたときは「俺と同い年でこんな腕の太いヤツがいるのか!」と素直に驚いたものだ。サイバーとはよく一緒にジムに行き、帰りに中華料理を食べにいったが、体作りのために節制するレスラーが多かったドラゴンゲートの中では珍しくガンガン鍛えてガンガン食べる昔ながらの〝ザ・プロレスラー〟という感じだった。

豪快な部分はリング以外でも随所で見られ、共同生活中にはぶっ続けで延々とトレーニングに励む日もあれば、「こっちが「死んでるんじゃないか?」と心配になるくらい一日中寝ているときもあった。また、サイバーはYAMATOに負けず劣らず運転が下手で、アメリカでは逆走も当たり前。俺は彼のポテンシャルで団体のトップが獲れないのはプロレス界の七不思議の一つだと思っているが、もしかしたらその独特な性格が足を引っ張っているのかもしれない。

ニューハザードの初期メンバーはドラゴンゲート発足後にデビューした選手で構成され、その名のとおりリング上に新たな危険と刺激を生んだ自負がある。結成から間もない5月10日の後楽園ホール大会では、俺とハルク、そしてサイバーのトリオでCIMA&横須賀亨&斎藤了組を撃破し、いきなりオープン・ザ・トライアングルゲート王座を奪取。先輩に対する気後れなどまったくなく、食うか食われるかの世代闘争の概念を持ち込んだユニットだった。結果的にそれぞれが我が強く協調性に欠けたため、わずか1年でその活動を終えたニューハザードだが、新世代軍としてたしかな爪あとを残したと思う。

長州さんの「ガス抜き」発言に反発。リキプロ興行で内藤とニアミス

凱旋帰国から3カ月後の7月20日、俺は内藤哲也と互いにプロレスラーになってから初めて同じリングに立っている。それは新日本プロレスが当時、本大会とは別のブランドとして、長州力さん率いるリキプロが中心となり開催していた『LOCK UP』。

俺は2004年のドラゴンゲート入門後も時折、浜口ジムにトレーニングに通っていたが、その頃の内藤はジムで受付のアルバイトをしていた。のちに内藤からは「鷹木はプロになった自分を見せびらかしに来ていたと思ってた」と難癖をつけられたが、俺としては自分の原点である場所に初心を忘れないように足を運んでいたにすぎない。

逆に俺は内藤に対し「まだここにいるのか、ずいぶんノンビリしてるな。大丈夫か、コイツ?」と余計な心配をしていた。その後、内藤は新日本に無事入門し、2006年5月にプロデビュー。

俺が『LOCK　UP』で会った時点ではまだキャリア1年ちょっとで、若手の域を出ていなかった。

このときの栃木県総合文化センターサブホール大会で、俺はドラゴンゲートの提供試合としてジャック・エバンスと組み、望月成晃&神田裕之組と対戦。俺は憧れたレスラーの一人である長州さんの前で試合することに、自ずと気合が入った。

当日、望月さんは長州さんから「そっちの試合は〝ガス抜き〟だから」と言われたそうだ。これは長州さん独特の言い回しであり、きっとゴツゴツした団体カラーの『LOCK　UP』の中で、ドラゴンゲートらしいスピード感ある試合をしてほしいという意味合いだと思う。だが、その〝ガス抜き〟という言葉にカチンと来た俺は「体が小さいからこそガンガンいくんだ！」と、望月さんとバチバチの攻防を展開。

われながら怖いもの知らずだと思うが、試合後にとくに長州さんからのお咎めはなく「今日はありがとな」と一言。高校時代に新日本のアイメッセ山梨大会で試合前の長州さんを見かけ、近づいたら「アッチ行け、コラ！」と言われてから数年後、こうしてお礼を言われた俺は何かをまたいだような気がした。

肝心の内藤についてだが、当日は雑用で忙しそうにしていたため、とくに言葉はかわさず会釈した程度。というか、やたら内藤はピリついた空気をまとっていて、話しかける雰囲気ではなかった。ちなみに内藤はその大会で、大日本プロレスの関本大介選手とタッグマッチで当たっていた。

そして大会終了後、俺たちは新日本のバスに同乗しホテルまで送ってもらうことに。そのとき、内藤はバスに乗る選手たちの荷物の出し入れをおこなっていたが、わざとなのか、たまたまなのか、なぜか目的地に着いても俺のバッグを下ろすことはなくほったらかし。俺は少しイラッとしつつ自分で荷物を下ろした。当時、こっちは凱旋帰国しトップへの階段を上り始めているのに対し、内藤は駆け出しのヤングボーイ。きっとあれはアイツの対抗心だったに違いない。

2007年のドラゴンゲートは新日本との対抗戦が激化し、一時期は獣神サンダー・ライガーさんがドリームゲート、邪道&外道組がIJタッグのベルトを戴冠していた。しかし、俺自身はその闘いの輪に加わることはなかった。逆にハルクは同年の新日本の『BEST OF THE SUPER Jr.』に出場し、内藤から勝利を収めている。「なんで俺じゃなくてハルクに声がかかったんだ?」という思いもあったが、俺自身は対他団体よりも自分の団体で天下を獲ることに燃えていた時期だったこともあり、そこまで気にとめることもなかった。

これはいまだから話せるエピソードだが、ハルクの『BEST OF THE SUPER Jr.』出場のあと、俺にはヘビーが主役となる『G1 CLIMAX』への出場オファーがあったそうだ。当時から俺は100kg近くあったため、声がかかっても体格的には不思議ではない。実際に俺がこの話を聞いたのは数年経ってからのことで、正式なオファーではなくアイデアレベルだったのかもしれないが、もし実現していたらどうなっていたのか、自分のことながら興味深い。少なからず内藤はトランキーロではいられなかっただろう。

また、2013年頃には新日本の『WORLD TAG LEAGUE』に、内藤とのタッグで出てほしいという打診があったらしい。新日本のタッグリーグにはドン・フジイさんが2011年に石井智宏、望月さんが2012年に永田裕志と出場していたので、俺と内藤のタッグが実現してもおかしくはなかったと思うが、最終的には実現せず。この話も俺が知ったのはしばらくしてからだったが、お流れになったのはドラゴンゲートの判断だったのか、それとも内藤が嫌がったのか。

凱旋してから俺はしばらくのあいだ、ドラゴンゲートのほかの選手たちに比べて他団体出場の機会が少なかったが、会社として「ヤマッ気のある鷹木にヨソに興味を持たれると困る」という考えがあったのかもしれない。返すがえすも賢明な判断だと思う。

長渕剛さんの歌で自分を鼓舞しながら〝CIMA超え〟に臨む

このニューハザード時代には俺と同い年であり、同じ2004年にプロレスデビューした飯伏幸太（当時DDT）と初めて同じコーナーに立っている。それは2007年9月14日の後楽園ホール大会。

当時、ハルクとYAMATOが相次いで負傷欠場に追い込まれ、ユニットはピンチに陥っていた。そこで俺は助っ人の〝X〟として、当時からDDTのトップ戦線で活躍していた飯伏を呼び込み、

俺自身が団体に頼み込んで、DDTの俊英・飯伏幸太との初コンビが実現(2007年9月14日・後楽園ホール)。団体は違えど、同年齢・同年デビューの飯伏は気になる存在であり、将来の良きライバルとなることを予感させた

望月さんとフジイさんのコンビに勝利。

その勢いを駆って、9月22日の大田区体育館大会ではサイバーも含めたトリオで、望月&フジイ&K-ness.組の保持するオープン・ザ・トライアングルゲート王座に挑戦した。結果はサイバーが望月さんにピンフォール負けを喫したが、空中技に目の肥えたドラゴンゲートのファンも、飯伏の華麗な動きには惹きつけられていた。

この飯伏の助っ人参戦は俺から会社に持ちかけ、DDTにオファーしてもらい実現したものだ。俺にとって飯伏はデビュー当初から気になる存在であり、あの打撃の技術や優れた跳躍力に、ハルクに似た空気を感じとっていた。

当時、飯伏とは挨拶程度で大した会話もしていなかったが、いつかプロレス界が注目するようなビッグマッチのメインで対峙する日が来るんだろうなと、予感めいたものを感じた。

凱旋帰国以降、(横須賀)ススムさんや望月さんなど海外修行前にシングルで借りのあった相手にリベンジを果たした俺は、2007年11月7日の後楽園ホール大会でGammaとドリームゲート次期挑戦者決定戦で対決。マッスルアウトローズの介入をハネのけて勝利をつかんだ俺は、王者であるＣＩＭＡさんと11月25日の大阪府立体育会館大会のメインで雌雄を決することになった。

「ほかの者にはいっさいジャマさせない。大阪で〝運命の闘い〟、やろうやないか！」

ＣＩＭＡさんは俺に後楽園でそう語りかけ、握手の手を伸ばした。その手をガッチリと握り返した瞬間、俺の胸にはさまざまな思いが去来した。

俺にとってＣＩＭＡさんとのタイトルマッチは大きな目標だった。自分がドラゴンゲートに憧れを持ったきっかけの人であり、入門してからは兄貴分としてリスペクトを持っていた。しかし、ＣＩＭＡさんの存在感の大きさをそばで感じるにつれ、俺のジェラシーは大きくなっていった。

この大阪大会までに俺は二度、ＣＩＭＡさんと対戦している。最初はデビューから2カ月後の２００４年12月12日の海峡メッセ下関大会。そのときはこちらのすべてを受け止めたＣＩＭＡさんに、完膚なきまでに叩き潰された。続く2度目は２００７年9月2日、ＰＷＧがカリフォルニアで開催したトーナメント「バトル・オブ・ロサンゼルス」２回戦。そこではＣＩＭＡさんが俺との真っ向勝負を避けるように、最後は丸め込みでピンフォールを奪っている。

そして団体最高峰のベルトを懸けた3度目の対決が決まって以降、俺はひたすら敬愛する長渕剛さんの歌を聴いて自分を鼓舞した。その中でもとくに聴きこんだのが『西新宿の親父の唄』。「やるならいましかねえ」というフレーズが心に響き渡った。

迎えた11月25日の大阪決戦。俺はＣ－ＭＡＸ時代を彷彿とさせるコスチュームに身を包んだＣＩ

MAさんと向かい合った瞬間、ガラにもなく感傷的な気分になってしまった。だが、『THE GATE OF DESTINY』という大会名どおり、俺は運命の扉をこじ開けるべくCIMAさんに猛攻を仕掛けた。

しかし、最後は再び丸め込みの前に敗北。ただ、「バトル・オブ・ロサンゼルス」のときと違うのは、お互いにすべてを出し切った上での決着だったことだ。俺は敗北したのにどこか清々しさのようなものを感じていた。

試合後、満身創痍のCIMAさんは「オマエのほうが強いわ、俺はもう限界や」と、勝者とは思えない弱音を見せた。CIMAさんは9月に土井さんとの防衛戦で、首に大ダメージを受けていたのだ。そのことを知っていたからこそ、俺は「もう俺たちの世代、いや、俺がやらなきゃダメなんだ!」という気持ちが強かった。だが、運命の扉の向こう側にはたどり着けなかった。

このときは「まだ自分はトップの器じゃないのか」と悔しさもありつつ、「次は絶対に勝てる!」という自信を持つこともできた。デビューしてから3年、このときのCIMA戦は鷹木信悟の第1章のラストを締めくくる闘いとなった。

KENTAのキックを食らって「go2ホスピタル」の屈辱

2008年1月15日の後楽園ホール大会で、俺はハルクとのコンビで土井&吉野組からプロレス

2007年11月25日・大阪府立体育会館でオープン・ザ・ドリームゲート王者 CIMAさんに待望の挑戦。CIMAさんを追い詰めたが、ホルヘコンプリート（丸め込み3連発）で惜敗した

2008年1月15日・後楽園ホールでGHCジュニアタッグ王座を奪取。ノアの王者となった

リング・ノアが管轄するＧＨＣジュニアヘビー級タッグ王座を奪取した。ドラゴンゲートのタッグ戦線を席巻し、海外でも名を馳せた名タッグ〝土井吉〟の牙城を切り崩した俺たちは、３月20日の大田区体育館大会では初防衛戦として、ノアのＫＥＮＴＡ＆石森太二組を迎撃。流出したベルト奪還に燃える方舟マットの刺客たちとの闘いは、俺のキャリアの中でも強く印象に残っている。

超満員札止めとなった会場にはノアの熱狂的ファンが大勢詰めかけ、セミファイナルだった俺たちの試合を見終わったあと、メインを待たずに観客の３割くらいが席を立ったという話も聞いた。

相手チームは俺がデビュー前から意識していた同い年の石森。もう一人は俺がアメリカ修行していた時期に、同じようにＲＯＨのリングで活躍を見せ、気になる存在だったＫＥＮＴＡ。まさに俺にとっては願ったり叶ったりの挑戦者組だった。

試合はどこかスカした空気のＫＥＮＴＡに俺が闘志ムキ出しで攻撃を仕掛け、これぞ団体対抗戦

GHCジュニアタッグ王者となったことで思いがけない防衛戦が実現。アメリカ武者修行時代から意識していたKENTA、同年齢ながら俺のはるか先を行く石森太二のノア・チームを迎え撃つも、王座を奪われてしまった（2008年3月20日・大田区体育館）

という殺伐としたものとなった。ＫＥＮＴＡにジャンピング・ニーを食らわせた直後に両足がつってしまい、あわててハルクにタッチした一幕もあったが、それだけ気合が入っていたのだ。

だが、最後は俺がＫＥＮＴＡのｇｏ２ｓｌｅｅｐから側頭部へのキックをモロに食らってピンフォール負け。脳震とうを起こした俺は病院送りとなり、大事を取って翌日に新木場１ｓｔＲＩＮＧで開催された『武勇伝』（望月成晃プロデュース興行）を欠場する憂き目に遭った。

ｇｏ２ｓｌｅｅｐでｇｏ２ホスピタルとはシャレにならない。試合に負けてベルトも取られ、とにかく俺は悔しかった。新木場での欠場の挨拶を、体をパンプアップさせてコスチューム姿でおこなったのは、「まったく効

オープン・ザ・ドリームゲート王座次期挑戦者決定戦でハルクと激突。イスや机を使ったハードコア殺法で攻め立てたが、60分時間切れ引き分けとなった。首の負傷で欠場中のCIMAさんがこの壮絶な試合を見て感動し王座返上して、再度ハルクと王座を争うことに（2008年6月29日・大阪府立体育会館・第2競技場）

いていない」という俺のせめてもの意地だった。

　このときのドラゴンゲートとノアの対抗戦はここで一区切りとなったが、俺はたとえ一人でも乗り込んでＫＥＮＴＡに落とし前をつけたかった。

　その後、俺とＫＥＮＴＡが再会したのは新日本のリング。２０２１年の『ＮＥＷ　ＪＡＰＡＮ　ＣＵＰ』準々決勝で対戦し、俺は13年越しのリベンジを果たしている。

　話を戻すと、この大田区大会での屈辱の敗戦を境に俺とハルクとのあいだには溝が生まれた。そして5月14日の後楽園ホール大会で、俺はサイバーと共にハルクを裏切り、Ｇａｍｍａたちマッスルアウトローズの残党と結託。その中には、ハルクとの対立が発端でニューハザードを脱退していたＹＡＭＡＴＯもいた。こうして俺は新たなユニット「リアル・ハザード」を結成し、反体制の道

2008年7月27日・神戸ワールド記念ホールでハルクとオープン・ザ・ドリームゲート王座決定戦。デビュー4年目の2人で年間最大のビッグマッチのメインを飾り、ラストファルコンリーを決めた俺が初戴冠を果たした

に足を踏み入れる。

一方のハルクは〝土井吉〟らと共に新ユニット「WORLD－1」を立ち上げ、俺たちリアル・ハザードとシ烈な抗争に突入。そして6月29日の大阪府立体育会館・第2競技場大会で、俺とハルクはドリームゲート王座の次期挑戦権を懸けて対戦することになった。

結果はキャリア初となる60分フルタイムドロー。俺は机やテーブルを使ったハードコア殺法まで駆使して追い込んだが、ハルクの執念の前に決めきることができなかった。しかし、試合後にハルクはシャワー室でブッ倒れていたらしいが、まだピンピンしていた俺は、この一戦で体力面でも戦術面でもかなり自信をつけた。

ただ、あとで聞いたところによると、そのときのハルクは二日酔いだったらしい。アルコールが苦手だった俺と異なり、無類の酒好きのハルクなら大一番の前に景気づけで飲んでいてもおかしくはないが、そんな状態で俺と60分を闘い抜いたことに驚いた。たしかに試合時間が45分を過ぎたあたりから、ハルクはようやく酒が抜けたのか、急に動きがよくなったのを覚えている。あらためてすさまじい男だ。

このとき、首のケガで欠場中だった王者のＣＩＭＡさんは、俺たちの試合を見届けると「この続きを神戸で見せてくれ。ドラゴンゲートの未来はオマエらに任せた」と涙ながらにベルトを返上。俺とハルクは7月27日の神戸ワールド記念ホール大会で、新王者決定戦として再び対峙することになった。

神戸ワールド記念ホール大会は、ドラゲゴンゲートにとって年間最大の舞台だ。そのメインで俺とハルクは９０００人超満員札止めの大観衆が見守る中、真っ向から魂をぶつけ合った。そして、勝利しドリームゲート王座初戴冠を果たした俺は、試合後にハルクに対して自然と「ありがとう」と感謝の言葉を告げていた。リング上で憎み合ってはいても、１２０％の鷹木信悟を出させてくれた同期に対する率直な思いだった。

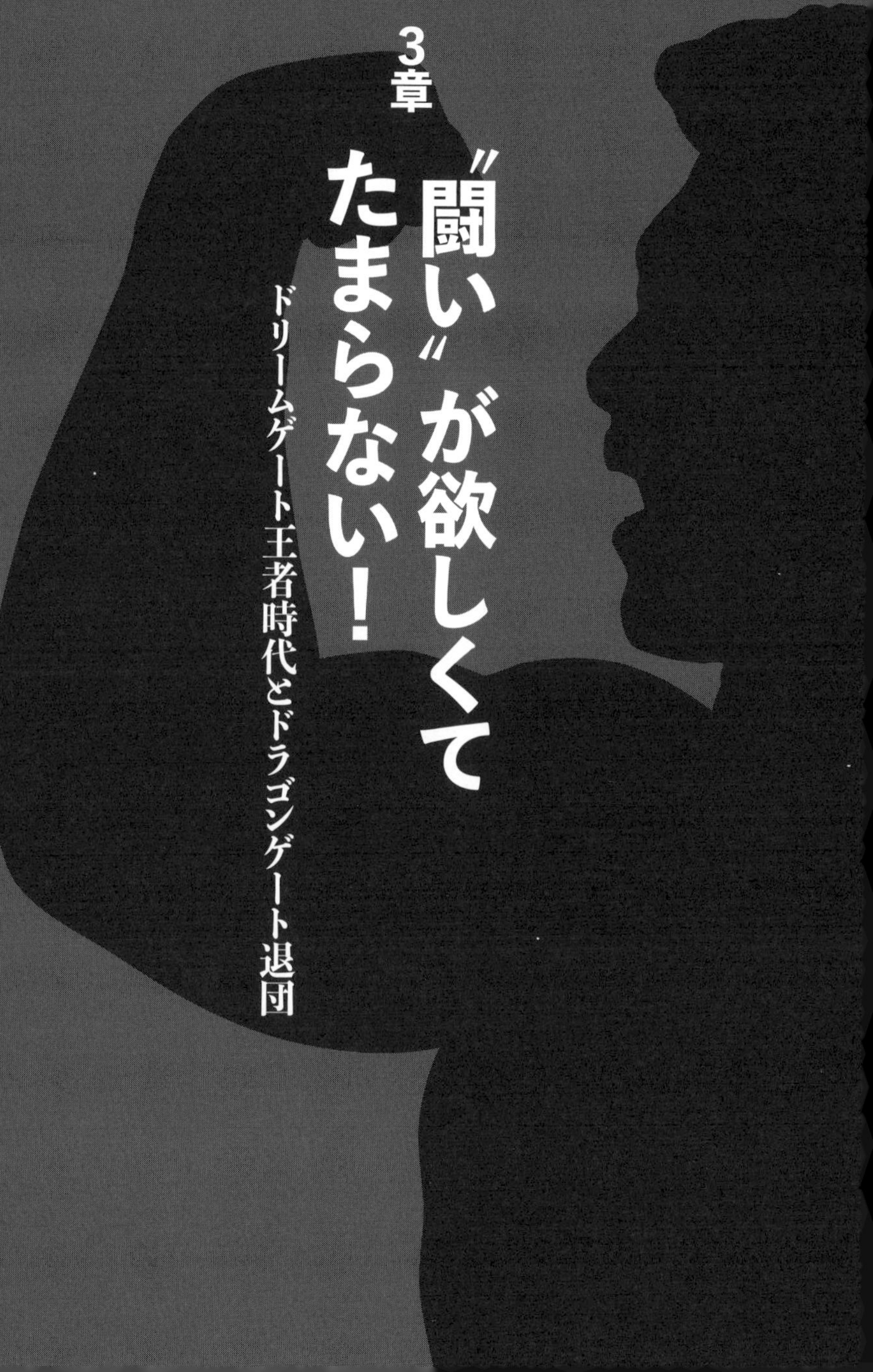

3章

〝闘い〟が欲しくてたまらない！

ドリームゲート王者時代とドラゴンゲート退団

自分らしさとドラゴンゲートらしさのギャップに苦悩。マイクアピールも嫌悪

B×Bハルクを破り、ついにオープン・ザ・ドリームゲート（以下、ドリームゲート）のベルトを手にした。しかし、そこで感じたのは喜びよりも、「これで追われる側になった。俺を中心に盛り上げていかなければならない」という重圧感のほうが大きかった。とはいえ、トップとして会社のことまで考えられていたかといえば疑問が残る。結局のところはキャリア4年、まだ己のことで精一杯の〝新米王者〟だったということだろう。

そもそもドラゴンゲートはファン層として女性やお子さんが多く、鷹木信悟という男臭いレスラーはお世辞にも人気がある選手ではなかった。自分の信じるファイトスタイル、目指すレスラー像は固まっていたが、そこにドラゴンゲートのファンがいまいちついてきていないことに、チャンピオンとしてジレンマがなかったといえばウソになる。

自分の信念を貫くことと、ファンがイメージするドラゴンゲートらしさに染まること。その乖離《かいり》に苦しんだのが、最初のドリームゲート王者時代だったかもしれない。

当時の俺はマイクアピールにも手こずっていた。いまの饒舌な鷹木信悟しか知らないファンは意外に感じるかもしれないが、以前はマイクが不得意であり、できれば試合後にしゃべりたくないとまで思っていた。

闘いの熱の余韻が、自分のマイクで下がるような雰囲気になるのが嫌だったのだ。レスラーは激闘を見せて無言でリングを下りればそれでいい。実際に俺はＣＩＭＡさんに対し、「無理してしゃべらなくてもよくないですか？　俺は試合で魅せていくんで。そもそも新日本のオカダ・カズチカだってしゃべってないじゃないですか」と訴えたことがあった。オカダは２０１２年１月に凱旋帰国し、瞬く間にＩＷＧＰヘビー級王者となって以降、しばらくは無口で、かたわらの外道がスポークスマンを務めていた。

第9代オープン・ザ・ドリームゲート王者に就いたものの、自分の求めるレスラー像とお客さんの求めるレスラー像のギャップに悩んでいた（写真は2008年8月31日・博多スターレーン、サイバー・コングを下した初防衛戦）

するとＣＩＭＡさんは、俺に「体のデカいオカダはスケール感と華があるからいいけど、オマエは泥臭くいったほうがいいよ」と耳の痛いアドバイス。マイクが得意なＣＩＭＡさんとファンに比べられるのが嫌で物申した部分もあったのだが、あえなく却下されてしまった。

俺自身のマイクアピールに対する考えが変わったのは、このＣＩＭＡさんに訴えた直後となる２０１２年５月の山梨凱旋興行あたりかもしれない。自分が主役となる興行で、せっかく見にきてくれたお客さんに満足して帰ってもらい、また足を運んでもらうにはやはり試合後のパフォーマンスが重要だと痛感したのだ。同時に自分がプロレスファンだった頃、FMWの会場で試合後の〝大仁田劇場〟に心躍らせていたことを思い出した。

マイクが苦手だった頃は「鷹木信悟はこうでなきゃいけない、こう言わなきゃいけない」という凝り固まった考えがあり、スムーズに言葉が出てこなかった。その後、徐々にではあるが、構えすぎずに自然体でしゃべっていくことで答えが見つかっていった。

ときは流れて2022年1月5日、新日本プロレスの東京ドーム大会。その日、同月8日の団体対抗戦に向け、プロレスリング・ノアの選手たちが総出でリングに乗り込んできたのだが、そこでマイクで応戦したのが俺だった。

バックステージに戻ると、同じ大会にGLEAT所属として出場していたCIMAさんに、「言葉のチョイスや間がすばらしい！」と初めてマイクを褒められた。俺は「そうですか？」と喜んでいるのがバレないようにさりげなく答えつつ、内心ではガッツポーズを取った。

2008年7月のドリームゲート初戴冠後、俺はサイバー・コング、TAKAみちのく、横須賀享を相手に3度の防衛に成功。だが12月28日、団体初となる福岡国際センター大会で『KING OF GATE2008』覇者の土井成樹に敗れ、王座から陥落した。

チャンピオンとして年を越せなかったのは悔しかったが、CIMAさんが長期欠場となり団体がピンチの中、試行錯誤しつつドリームゲート王者として踏ん張ったことは、20代の俺にとって大きな経験となった。

2008年8月9日・後楽園ホール大会の第1試合途中にリングが破損するアクシデントが発生。急きょ、フロアにリングマットを敷き、〝ノーリング〟で大会を続行。ロープがないため、イスからダイブするなど、俺も闘い方を工夫した

結果的にこの年の東京スポーツ新聞社制定のプロレス大賞で、技能賞を獲得することもできた。常在戦場の精神で準備している人間こそチャンスをつかめるということを実感した、キャリアの中でも印象深い1年だ。

2008年といえば、8月9日の後楽園ホールでの〝ノーリングマッチ〟も忘れられない。この日の第1試合の途中でリングが破損したため、第2試合以降は場外マットを並べた上に、リングマットを敷いた状態でおこなわれた。もちろん、ロープもない。

大会を中止せずに続行すると決まったとき、選手たちは「こういうときこそ見せどころだ！」とスイッチが入り、会場もそれを後押しするような熱気に包まれた。前代未聞の大会は、あの日同じ空間にいた人たちの脳裏に強く焼きついていることだろう。

高校の柔道部時代に体育用マットでプロレスごっこをやっていたことが、プロになってからこんなかたちで生きるとは思いもよらなかった。ただ、リングではなかったぶんダメージが抜けず、次の日の筋肉痛が半端じゃなかったのは付け加えておきたい。

「ファンに媚びたくない」という気持ちが先走りすぎて視野狭窄に

ドラゴンゲートは闘龍門時代からいまにいたるまで、いくつものユニットが誕生しては消え、そしてまた新たに生まれるのが特徴だ。リング上にはつねに複雑な人間関係が入り交じり、対立概念が存在する。リング上のスピーディーな闘いと同様に、波乱に満ちたドラマが絶え間なく続くからこそ、ファンを惹きつけてきたのだと思う。そんなドラゴンゲートの中でも、とくに鷹木信悟は所属ユニットの変遷が激しかった一人だろう。

俺は2008年7月のドリームゲート初戴冠後、リアル・ハザードのほかのメンバーたちとの軋轢からユニットを追放されると、ドラゴン・キッドさん、斎藤了さんらの誘いで「タイフーン」に加入した。だが、結局は俺の傲慢な態度に斎藤了さんが業を煮やし、同年11月には早くもユニットから追いやられてしまう。

それから俺は一匹狼として行動したのち、共闘を呼びかけてきた戸澤陽、岩佐拓さんと合流。さらに2009年1月11日の名古屋大会で、タイフーンが解散したばかりのキッドさんも加わり、ドラゴンゲートに新しい風を吹かせるユニットとして「KAMIKAZE」を結成した。

俺はキッドさんとはこの前年8月の『Summer Adventure Tag League』にコンビで出場し、準優勝という結果を残していた。ファイトスタイルが正反対の俺たちだからこそ、いい化学反応を起こすことができたのだと思う。その後、紆余曲折があり離れてしまったが、こうして再び手を組むのは自然の流れのように感じた。

闘龍門1期生であるキッドさんもまた、ドラゴンゲートを象徴する選手の一人だ。団体屈指のハイフライヤーであるキッドさんは、リングを下りると非常に気さくで先輩風をまったく吹かさない人だった。いまでも個人的に連絡を取っている。純粋であるがゆえにイジられキャラみたいなところがあったが、試合直前になると遠くを見つめて急にスイッチが入る。典型的な〝憑依型レスラー〟と言えるだろう。

もともとキッドさんはプロレスラーになる以前はFMWでレフェリーを務めていて、大仁田さんが1995年5月5日に川崎球場でハヤブサさん（元FMWのエース。2016年3月3日に逝去）と闘った2度目の引退試合も裁いている。ちなみに俺はキッドさんのことを〝ドラゴンさん〟と呼んでいた。新日本に来てからは自らが「ドラゴン」を名乗っているので、俺とキッドさんで〝ツインドラゴン〟という感じで15年以上ぶりに純粋なタッグを組む機会があっても面白いと密かに思っている。

キッドさんのつながりで、俺はハヤブサさんとも交流させていただいた。ハヤブサさんのコンサートライブの余興として、俺は長渕剛さんの『とんぼ』を歌ったこともあった。ハヤブサさんからはプロレスのアドバイスをいただく機会もあり、「ファン時代の自分がつねに会場に観にきていると思って試合してごらん」という言葉は印象に残っている。さて、このKAMIKAZEに関して、俺は「鷹木信悟のユニットだ」という気持ちが強く、ユニット名も世界に通用する日本発のチームという思いを込めて自分で決定した。ユニットのテーマ曲である『KAMIKAZE SOUL』の作詞も自分で手がけ、さらにユニットロゴはイラストがお上手だったハヤブサさんに直談判し、作っていただいた。

それだけ入れ込んでいたユニットではあったが、メンバーの負傷欠場が頻発し、さらに途中で戸澤が海外武者修行に向かったこともあり、全員揃った記憶がない。一部から〝呪われたユニット〟などと揶揄《やゆ》されることもあったが、俺の中では思い入れのあるユニットだった。

2009年7月、リアル・ハザードを脱退したYAMATOがKAMIKAZEに加入したのは、ユニットにとって一つの転機となった。この年の上半期、俺はYAMATOと抗争し、1月23日の後楽園ホール大会のノーロープマッチで敗戦。続いて5月24日の札幌テイセンホール大会でも一騎打ちをおこない、リアル・ハザードの連中が介入しようとするも、これをYAMATOは拒否。真っ向勝負を繰り広げ、ここでは俺が雪辱勝利をつかんだ。

その後、YAMATOは新日本プロレスの『BEST OF THE SUPER Jr.』に乗り込んで名を上げると、ドラゴンゲート凱旋と共にリアル・ハザードに造反。そして、俺との闘いで感じるものがあったのか、「信悟、俺とオマエが組んだら最強だと思わないか?」と持ちかけてきた。

そして俺とYAMATOはこの年の『Summer Adventure Tag League』の決勝(8月26日、後楽園)で望月成晃&中嶋勝彦組を破り優勝すると、続く9月17日の後楽園では堀口元気

&斎藤了組からオープン・ザ・ツインゲート統一タッグ王座を奪取。一躍、タッグ戦線の中心へと躍り出た。

以降も含め、俺はYAMATOとはツインゲート王座を通算3回獲得している。実績を残しているることから、ドラゴンゲート時代の俺のパートナーといえばYAMATOを思い浮かべるファンも少なくないと思うが、じつは俺はタッグとしてはいまいちシックリとくるものがなかった。きっとそれはアイツから「鷹木の色には絶対染まりたくない」という自己主張が伝わってきたからかもしれない。

2009年9月17日・後楽園ホール大会。YAMATOとのコンビでオープン・ザ・ツインゲート王座を初戴冠

のちにYAMATOは、デビュー間もない頃に会社から「オマエはセミファイナル前の男だから、それ以上は望まないほうがいい」と言われたのが、反骨心が生まれるきっかけだったと明かしている。鬱屈した思いを胸に秘めたYAMATOはリアル・ハザード以降、ふてぶてしいスタイルでどんどん存在感を増していった。

YAMATOは俺とは異なり、女性やお子さんからの人気が高かった。傍目から見ても新日本の『BEST OF THE SUPER Jr.』出場を経て一気にレスラーとしての色気、そして自信が増したように感じられた。俺と2人でイベントを開催すると9

割方はＹＡＭＡＴＯのファンで、当時20代後半の俺は「女、子どもに俺のプロレスがわかってたまるか！」と、正直イラつく部分もあった。

一時期の俺はサイン会で女性ファンの顔を見ないときもあったし、イベントの常連さんから「私の名前を入れてください」と言われ、その名前を覚えているにもかかわらず素知らぬフリまでしていた。とにかくファンに媚びたくなかったのだ。

もちろん、いまではすべてのファンに対し感謝の気持ちを持っているが、当時は純粋にプロレスの試合で評価してほしいという気持ちが強かった。いま振り返ると、あの頃の鷹木信悟はまだ視野が狭く、遊び心が少ないつまらないレスラーだったように思う。

ハルクの髪を剃り未知の快感に酔う。東日本大震災発生で退団を踏みとどまる

２０１０年に入ると、俺はシングルナンバーワンを決めるトーナメント『ＫＩＮＧ ＯＦ ＧＡＴＥ』を制し、５月５日の愛知県体育館で同門のＹＡＭＡＴＯが保持するドリームゲート王座に挑戦した。ＹＡＭＡＴＯはこの年の３月22日の両国国技館で土井成樹さんを撃破しドリームゲート王座を奪取。デビュー３年半での戴冠は、当時の新記録だった。

この頃、俺とＹＡＭＡＴＯは主張がぶつかり合っていたこともあり、愛知でのタイトルマッチは

ＫＡＭＩＫＡＺＥをまとめるための闘いでもあった。壮絶な消耗戦の末、最後はＹＡＭＡＴＯの腕ひしぎ十字固めの前にレフェリーストップ負け。俺は意地でもギブアップしなかったが、ＹＡＭＡＴＯが武士の情けで折らなかっただけで完敗だった。アイツと頂点のベルトを懸けて対峙するのはこのときが初で、後輩に負けたにもかかわらず、試合後はどこか清々しいものがあった。

この試合を経て、再び一枚岩となったＫＡＭＩＫＡＺＥ。しかし安堵する間もなく、俺に執拗に一騎打ちを迫る男がいた。２００８年7月のドリームゲート王座戦以降、同期である俺と明確な差がついていたハルクだ。現状打破を狙うハルクに対し、俺は「オマエの存在自体を消し去る!」と、どちらにとってもキャリア初となるカベジェラ・コントラ・カベジェラ（敗者髪切りマッチ）を要求。ハルクも覚悟を決め、この提案を受け入れた。

決戦の舞台は7月11日の神戸ワールド記念ホール大会。ファンは男前のハルクが丸坊主になることが想像できなかったのか、下馬評では鷹木の敗北という声が多く、俺は「ふざけるな!」と憤りを感じていた。そのストレス発散ではないが、カベジェラ戦の前日に俺は予行練習とばかりに、まだデビュー前だった富永千浩（現・パンチ富永）を丸坊主に刈り上げた。このとき、なんとも言えない興奮を感じた俺は「絶対に大観衆の前で、ハルクを丸坊主にしてやる!」と、鼻息を荒くした。

そしてハルクとの大一番当日、俺は勝ちを狙うというよりも叩き潰しにいく感覚だった。先を走る俺に対するハルクの意地も伝わってきたが、最後は俺がラストファルコンリーで勝利。試合後、場内に悲鳴が起こる中、俺はハルクの髪にバリカンを入れた。

リングの上は弱肉強食。勝った者が正義であり、勝った者が歴史を作る。無残な姿となり、顔をクシャクシャにするハルクを見ながら、俺は富永を刈ったときとは比べものにならない勝者の快感にひたっていた。

しかし、この死闘はハルクのみならず、結果的に俺も大きな代償を払うことになる。俺は攻防の中で場外に落ちた際に右肩を痛めてしまったのだが、当時は体のメンテナンスにそこまで気を配っておらず、そのうち治るだろうとタカをくくり試合出場を続けた。だが右肩の具合は悪化し、さらには肋骨も負傷。ついに体は悲鳴を上げ、12月26日の福岡国際センター大会を最後に、俺は3カ月にわたり欠場することになった。

この時期、俺は会社とのコミュニケーションがうまく取れなくなっていた。11月あたりに会社に対し、試合スケジュールも踏まえ体の限界を訴えたのだが、そのときは「年内は頑張ってほしい」と言われ、愚直なファイトを続けた結果、このような事態を招いてしまった。「なんで俺がこんな目に遭わなきゃいけないんだ！」とふてくされる俺を、会社も突き放していた部分はあったと思う。

これはいまだから言えることだが、自暴自棄になった俺はすべてに嫌気がさし、欠場中に神戸から自分のすべての荷物を引き揚げ、愛車のジープに乗り込み一路東京へと向かった。別に次のことが何か決まっていたわけではないが、俺の気持ちの中では「ドラゴンゲートを辞めてやろうかな」とまで思いつめてのことだった。道中の車内で延々流れていたのは長渕剛さんの『ＪＥＥＰ』。「Ｏｈ ｍｙ ＪＥＥＰ 悲しくてやりきれなかった」という歌詞が、胸に染みた。

2010年7月11日・神戸ワールド記念ホールでカベジェラ・コントラ・カベジェラ戦（敗者髪切りマッチ）を初体験。B×Bハルクとの遺恨対決にラストファルコンリーで勝利すると、ハルクの髪をバリカンで刈り取った

結果的にこのときは会社と話し合いを持ち、渋々ながら退団を踏みとどまり、2011年3月に復帰ということで一旦落ち着いた。復帰後、また身の振り方について会談を持つ予定だったが、ここで想定外のことが起こる。そう、3月11日に発生した戦後最大といわれる国難、東日本大震災だ。

俺は3月1日の後楽園ホール大会で、当時ドラゴンゲートを席巻していたCIMAさん率いる巨大ユニット「ブラッドウォリアーズ」とKAMIKAZEの敗者復活サバイバルイリミネーションマッチにて、隠し球として復帰を果たした。そして3月20日の両国国技館大会でYAMATOと組み、堀口元気&斎藤了組が保持するオープン・ザ・ツインゲート統一タッグ王座への挑戦が決定した。

しかし、3月11日に日本を襲った未曾有の大震災の影響により、両国大会は中止となった。あの地震発生時、俺は浅草でウナギを食べたあとに喫茶店でくつろいでいた。大きな揺れを感じた瞬間、「ビルが潰れる!」と思った俺は店の外に出た。すると浅草という土地柄、観光客を含め大勢の人々が慌てふためいていたのを覚えている。

当然のように交通機関はストップし、俺は自宅まで4時間かけて歩いて帰った。TVで甚大な被害状況を知り「大変なことになってしまった……」と途方にくれた。そして両国大会を開催すべきなのかどうか、会社に意見を聞かれた俺は「いまはやるべきじゃないと思います」と答えた。

中止となった両国大会の翌日、同じ会場で大会を予定していた全日本プロレスは、収益の一部を義援金として寄付するチャリティー大会として開催した。あの状況下、大会をやるのもやらないのも勇気ある決断だったと思う。どちらも根底には「被災地のために自分たちには何ができるのか」、その思いしかなかっただろう。

ドラゴンゲートでも団体内で義援金を集める話になり、俺は志として10万円を募金させてもらった。まったくもって偉そうにいえる金額ではないが、しばらく欠場していた当時の俺にとっては大きな出費であり、スタッフからも「ずっと試合がなかったのに大丈夫?」と心配された。だが亡くなられた方や行方不明者の帰りを待つご家族の気持ちを考えると胸が痛んだし、どんなに微力だろうと役に立ちたかったのだ。

多くの人々の人生、そして価値観を変えた大震災。俺も〝生〟というものを見つめなおし、「日々に感謝し、自分の目の前にあることに真摯に取り組まなければ」と思いを強くした。

それまでの俺はプロレスラーとして独りよがりな部分もあったが、「プロとしてファンに喜んでもらい、勇気や感動を与えるような試合がしたい。まだ俺にはドラゴンゲートでやるべきことがあるんじゃないのか?」と、気持ちを新たにする分岐点となった。

上京以来の悲願だった山梨凱旋興行で感無量の晴れ姿を披露

2011年はドラゴンゲートの軍団抗争に、新たな風景をもたらした年でもあった。それまでは複数のユニットが群雄割拠し勢力争いを繰り広げていたが、この年は打倒ブラッドウォリアーズを掲げ、それ以外の選手たちが大同団結。俺もKAMIKAZEを一旦腹の中に収め、当時ドリームゲート王座を保持していた望月さんと共闘することを決意。こうして6月8日の後楽園ホールで新ユニット「ジャンクションスリー」が正式結成された。

ドラゴンゲート初の2軍抗争はシ烈を極めた。俺もジャンクションスリーのイメージカラーである緑をあしらったコスチュームを着用し激闘に身を置いたが、同時にどこかで一歩引いていた部分があったのは否めない。KAMIKAZEと異なり、ジャンクションスリーは鷹木主導のユニットではない。自分の知らないところで先輩選手たちがいろいろ決めることに、フラストレーションがなかったといえばウソになる。

だが、そんな気持ちを吹き飛ばすような試合が、7月17日の神戸ワールド記念ホール大会で組まれた。1年間のアメリカ修行から凱旋帰国を果たし、ブラッドウォリアーズ入りした戸澤とのシングルマッチだ。

それまでの俺は同期である戸澤を完全に見下していた。しかし、俺やハルクにはないものを持っているのは感じていたし、「オマエが本気でプロレスに取り組めば、凄いことになるんだけどな」と声をかけたこともあった。

そして1年のアメリカ修行に本気で取り組んだ戸澤は、別人のように変化を遂げていた。俺は戸澤のパッケージ・ジャーマン・スープレックス・ホールドの前に敗れた。もちろん悔しさはあったが、練習生時代から近しい存在だった男の成長が嬉しかった。

同期の戸澤陽は憎めない男であり、俺にとっていいライバルの一人だ。2011年7月17日・神戸ワールド記念ホールのシングル対決ではパッケージ・ジャーマン・スープレックス・ホールドで黒星を喫してしまった

戸澤は不思議な魅力を感じさせるプロレスラーだ。いい意味で〝人たらし〟であり、求められたことを完璧にこなす器用な面も持ち合わせている。過去にはメタボレスラーとして体を脂肪で包み込んだこともあったし、戸澤塾を率いていた頃はあの男色ディーノ選手と抱腹絶倒の試合を披露した。現在、WWEで独自のポジションを築き活躍する戸澤とは、これからもお互いを刺激し合っていきたい。

ジャンクションスリーとブラッドウォリアーズの2軍抗争に最終決着がついたのは、2012年2月9日の後楽園ホール。ジャンクションスリーは解散を懸けた7vs7のイリミネーションマッチに敗れた。その後、ユニット再編の流れになると、富永千浩（現・パンチ富永）が俺とYAMATOに対し「お世話になっているおふたりとやっていきたいです！」と熱烈アピール。その3人にマスクマンの三代目超神龍（現・ヨースケ♡サンタマリア）も加わり、4月から新ユニット「暁～ａｋａｔｓｕｋｉ～」を始動した。

この〃和〃を感じさせるユニット名も、ＫＡＭＩＫＡＺＥ同様に俺が考えたものだ。暁とは夜明けを意味し、「まだユニットとしても個人としても未完成。しかし、ここからテッペンを目指し光り輝くぞ！」という思いを込めてネーミングした。この頃になると自分にも後輩が増え、くすぶっている人間を引っ張り上げたいという気持ちも俺の中には芽生えていた。団体の未来のためにも、この暁で風景を変えたいと思っていたのだ。

しかし、結論としてはうまくいかなかった。原因はズバリ、富永だ。ある種、暁はアイツのためのユニットだったのだが、その期待に応えてはくれなかった。ＹＡＭＡＴＯから「鷹木信悟が甘やかしてるからじゃないのか？」と詰められ、口ゲンカの種になることさえあった。富永にもっと向上心が見えたら、暁はまた違ったものになっていたように思う。

この富永という男は、変わり種の多いドラゴンゲートの中でも、とくに変わったプロレスラーかもしれない。そもそもデビューにこぎつけるまでに、5年間も練習生をやっていたという経歴からして前代未聞だ。

じつは本人は何度もプロレスの道をあきらめようとしたのだが、そのたびに俺は止めていた。根性はないし、努力家でもない。でも、ダメなヤツほどかわいいじゃないがどうしても気になる存在であり、いまでも時折連絡を取っている。あるとき、アイツに「今日は試合か？」と聞くと、あたりまえのように「いえ、今日は〝もぎり〟です！」と元気よく返され、俺は「お、おう。そうか……」と返すしかなかった。それなりにキャリアを重ねても、いまだにチケットのもぎりをやるプロレスラーもアイツくらいのものだろう。

少し富永のことを下げすぎた気もするから、一応フォローも入れておこう。たしかに富永には根性はないのだが、ああ見えて意外に器用なところがあり、難易度の高いファイアーバード・スプラッシュやラ・ケブラーダをこなすことができた。そしてたった一度だけだが、富永は俺から丸め込みでピンフォールを奪ったこともある。その後、富永は俺が新日本で活躍するたび、営業先で「俺はあの鷹木信悟に勝ったことがある」と豪語していると人づてに聞いた。正直複雑な気持ちだが、まぎれもない事実だからやむを得ない。そんな富永が新日本のリングに上がる日を、俺は密かに願っている。

暁を始動した直後の5月13日、俺にとって初の地元凱旋となるアイメッセ山梨大会が開催された。このときまでにドラゴンゲートが47都道府県で唯一興行をおこなっていなかったのが山梨であり、これで全国制覇となったのも面白い巡り合わせだった。

俺にとって地元凱旋はアメリカ修行から帰国して以降、ずっと思い描いていた夢だった。地元に成長した姿を20代のうちに見せたいと願い、それが29歳で実現できると決まったときは感慨もひとしおだった。

当時の俺はなかなか結果がついてこず、富永にまで「勝ちを急いでいる」と指摘される状況だっ

2012年5月13日、かねてからの夢だった地元凱旋興行（アイメッセ山梨）が実現。生まれ故郷の大切さをあらためて実感した

たが、自分が何を目指していくかを考えたときに、この凱旋はモチベーションを大きく上げてくれた。

大会に向けた地元でのPR活動にも熱が入った。このときは同級生の仲間たちと〝鷹木信悟山梨同級会〟という大会実行委員会を立ち上げ、俺のサイン入りのポスターを何百枚と用意し、現地の会社やお店に貼ってもらった。そういった俺のツテだけでも売れたチケットは800枚以上。最終的に会場は2000人超満員札止めとなった。

俺はメインでYAMATOと組み、ブラッドウォリアーズから邪魔者を排除し誕生した新ユニット「マッドブランキー」の戸澤&サイバー・コング組と対戦。地元の大声援を背に、最後は俺がサイバーをSTAY DREAM（雪崩式リストクラッチ・デスバレードライバー）で沈めた。技名にもなっている「STAY DREAM」という言葉にも思い出がある。

2006年の海外遠征中、右手の甲を骨折してしばらく試合もトレーニングもできなかった時期に、「せっかく海外遠征に来ているのに俺はダメだ」と落ち込む瞬間が幾度もあった。そのたびに、大好きな長渕剛さんの『STAY DREAM』という曲を聴いて、奮い立つことができた。「そうだ、クヨクヨしている暇は俺にはない。あきらめないで上を目指すんだ」と背中を押していただいた。

凱旋興行の試合後、場内のファンとふれ合う中で、俺はあらためて生まれ故郷とはかけがえのないものだと実感した。「プロレスラーになるぞ!」と啖呵を切って上京してから、初めて故郷で家族や昔からの俺を知る人たちの前で晴れ姿を見せることができた。

この年以降、毎年恒例となる凱旋興行を、歴史好きの俺は尊敬する地元の英雄・武田信玄にあやかって『風林火山』と命名した。『風林火山』

初の地元凱旋興行のメイン(タッグマッチ)でサイバーを仕留めた技(雪崩式リストクラッチ・デスバレードライバー)の名前は、尊敬する長渕剛さんの曲名「STAY DREAM」から採った。俺自身を勇気づけ、鼓舞する曲だ

は常に1000人以上を集客。毎回のように他団体やフリーの大物レスラーが特別参戦し、大会の盛り上げに一役買ってもらった。地元の人たちに喜んでもらい、この『風林火山』を成功させることは俺にとってのライフワークとなっていった。

すでに触れたように、俺はドラゴンゲート時代、お世辞にも人気がある選手ではなかった。トップ戦線で試合をしていたが、グッズの売り上げは正直微妙だった。グッズ担当から売店に立つように言われたこともあったが、試合前に客前に立ちたくないという謎のこだわりで拒否したこともあった。

その代わりと言ってはなんだが、自分自身が会社に貢献できるモノはなにかと考え、スポンサー探しやチケットの券売にチカラを入れていた。毎月15大会ほど組まれていたが、オフがあれば住んでいた関西はもちろんのこと山梨、札幌、福岡、東京、横浜など営業活動としてポスターを握りしめて知り合いの店などに挨拶回りをしていた。「山梨同級会」をはじめとして全国で応援会を作っていたのも、ちょうどこの時期である。

ドラゴンゲートを退団した年の上半期のチケット券売枚数は俺が1番だった。リング上では反体制としてファンに嫌われまくっていたが、裏ではナンバーワン営業マンとして全国を走り回っていたという裏話である(笑)。当時の営業活動で交友関係も広がりメチャクチャいい経験になったと、いまでも思っている。やってきたことにムダなことはなかったと認識している。

目標であるCIMAさん超えを果たした！新日本参戦オファーは俺には来ず…

ドラゴンゲートの歴史を振り返ると、のちに海外の大きな団体で名を馳せる外国人レスラーたちを数多く輩出しているのがわかる。リコシェ、PAC、マット・サイダル、サミ・ゼイン、ブロディ・リー、ウーハー・ネイション、ザ・ヤングバックス……具体例を挙げれば枚挙に暇がない。

中でもとくに日本での実績が光るのがリコシェだ。2014年3月に外国人史上初のドリームゲート王者になると、さらに同年、新日本『BEST OF THE SUPER Jr.』優勝を成し遂げた。

俺はリコシェと2013年5月25日、大阪府立体育会館・第2競技場での『KING OF GATE』優勝決定戦で対戦した。その頃のリコシェはまだ成長途中で俺がパワーで徹底的に追い詰めるも、最後はパンピングボンバーを一回転で着地したリコシェが、一瞬の丸め込みで初出場初優勝をつかんでいる。その後、リコシェは新日本を経てWWEに進出すると数々のベルトを戴冠。現在はAEWで活躍し、まさに外国人選手の出世頭と言えるだろう。

そのリコシェと並び、俺が印象に残っている外国人レスラーがPACだ。PACとは2011年10月21日（現地時間）、ドラゴンゲートのイギリス大会で激闘を繰り広げ、俺が勝利したあとに2人で座礼をかわすと、場内は割れんばかりの拍手と歓声に包まれた。

PACはあの体つきを見ればわかるとおり、ストイックな完璧主義者だ。とあるビッグマッチのあとに、俺が「いい試合だったな、このあと食事に行かないか?」と誘ったところ、アイツは「ソーリー、今日の自分には納得がいかないから、これからジムに行こうと思ってるんだ」と断られたこともあった。

ちなみにPACも、リコシェやハルク、YAMATOと同じく新日本『BEST OF THE SUPER Jr.』にドラゴンゲート代表として出場した経験を持つ。一向にスーパージュニア参戦のオファーが届かない俺は、「新日本的にはドラゴンゲートのイメージとしてハイフライヤーや、スタイリッシュな選手がいいんだろうな」と思っていた。

国内最大の団体である新日本の注目大会に参戦すれば、当然名前が売れる。そして、新日本帰りの選手たちが勢いを増すのを見て、俺には多少なりとも葛藤はあった。30代を迎え、俺には「いまのままで終わりたくない。プロレス界全体で見たときに、俺はまだ何も残せていないんじゃないか」という気持ちが次第に強くなっていった。

2013年7月21日、俺は神戸ワールド記念ホールでCIMAさんが保持するドリームゲートに挑んだ。俺がドラゴンゲート年間最大の舞台、神戸ワールドのメインに立つのは2008年以来のことだった。

CIMAさんは2011年12月、望月成晃さんを破り同王座3度目の戴冠を果たして以降、防衛ロードで破竹の快進撃。俺との試合はじつに16度目の防衛戦だった。この前年の12月23日、俺は福

2013年7月21日・神戸ワールド記念ホールで、長期政権を築く第14代ドリームゲート王者CIMAさんに挑戦。真っ向勝負の末、ラストファルコンリーでCIMAさんから3カウントを奪うことに成功。悲願の勝利を収めた俺の腰に、CIMAさんが涙ながらにベルトを巻いてくれた

岡国際センターでハルクを含めた3WAYマッチでCIMAさんに挑戦している。しかし、CIMAさんがハルク、鷹木の順で葬りベルトを守り抜いた。

この神戸決戦の時点で俺は、CIMAさんからシングルマッチで勝利を収めたことがなかった。俺にとって師であるCIMAさんに勝利しドリームゲートのベルトを巻くことは大きな目標であり、時代を変えるために必ず達成しなければならない使命だった。このときは神戸大会の1週間前のトレーニングで、熱中症になりかけて点滴を打ったのを覚えているが、それほどまでに入れ込んでいたのだろう。

悲願達成を胸に挑んだ王座戦は、俺が渾身のラストファルコンリーで勝利。ドラゴンゲートのアイコンの長期政権についに終止符を打った。神戸ワールドでCIMAさんに王座戦で勝つということは、新日本プロレスで例えるなら1月4日の東京ドームで絶対的エースの棚橋弘至に勝つくらいの価値を持つ。

これが俺にとっては2度目のドリームゲート戴冠となった。1度目はCIMAさんが返上したベルトを懸け、ハルクとの新王者決定戦に勝利し獲得。そのとき、俺は自分の腰にベルトを巻くことはなかった。その思いを知ってか、CIMAさんは師匠超えを果たした弟分の腰に涙ながらにベルトを巻いてくれた。

最初の王座戴冠時よりもベルトに重みを感じた俺は、「ここから俺が中心となり、ドラゴンゲートの新時代をスタートさせるぞ!」と強く意気込んだ。しかし、そこには残酷な現実が待っていた。

ドリームゲート奪取の約1カ月前、俺は6月15日の博多大会でYAMATOと当時保持していたツインゲート王座を懸け、マッドブランキーの戸澤&ハルク組との防衛戦に臨んだ。しかし、YAMATOは終盤に俺を裏切り挑戦者組のベルト奪取をアシストすると、そのままマッドブランキー入りを果たした。

そして8月1日の後楽園大会では、暁とマッドブランキーによる解散・コントラ・解散&敗者マスク剥ぎ&髪切り5対4ハンディキャップマッチ（ハルク&YAMATO&戸澤&Kzy&問題龍vs鷹木&サイバー・コング&三代目超神龍&富永千浩）がおこなわれ、敗れたわが暁は解散の憂き目に。さらにYAMATOはその場で戸澤をユニットから追放すると、返す刀で俺に対しドリームゲート挑戦を表明した。

CIMAさんに勝利し、新時代の扉を開けたと思ったのもつかの間、俺は8月23日の後楽園ホール大会の初防衛戦で、YAMATOのなりふり構わぬファイトの前に敗北。因縁の相手の策略で、わずか1カ月天下に終わってしまった。YAMATOという男はとことん鷹木信悟の足を引っ張ること、屈辱を浴びせることが生き甲斐なのだろう。

YAMATOは後年、暁時代について「毎日ストレスであり、会社から鷹木信悟の御守りをさせられていると思った」と振り返っていた。暁がうまくいかなかったのは、富永一人のせいだけではないようだ。この王座戦以降、YAMATOは〝全知全能〞を名乗るようになり、そのナルシストキャラに磨きをかけていった。

全知全能というフレーズが示すとおり、実際にＹＡＭＡＴＯはファンを手のひらに乗せることに非常に長けていた。たとえ俺が試合で勝ったとしても、ファンはＹＡＭＡＴＯに視線を注いでいるのだ。俺がこれと似たような感覚に陥ったのは、棚橋弘至と闘ったときくらいのものだ。

聞いたところによると、この大会から約３年にわたりドラゴンゲートの後楽園大会は超満員札止めが続いたらしい。団体にとっての黄金カードがＣＩＭＡvs望月成晃から、鷹木vsＹＡＭＡＴＯにシフトするターニングポイントだったのかもしれない。

こうして１カ月のあいだに天国と地獄を味わった俺だが、ここで立ち止まることなくゼロからの再出発を誓った。崖から落ちたらまた這い上がればいい。その生き様を見せるのがプロレスラーだ。

内藤、飯伏らと「昭和57年会」結成。ギラついた男たちがお互いを刺激し合う

その後、俺は10月6日の博多大会にて新たなユニット「モンスターエクスプレス」を本格発進する。スタートメンバーは戸澤、ウーハー・ネイション、吉野正人さん、しゃちほこＢＯＹ、さらにリコシェも加わった。

モンスターエクスプレスを一言で表すならば〝戸澤と愉快な仲間たち〟、これに尽きる。戸澤の天性の明るさを象徴するようにユニットカラーはオレンジ。正直、俺は「鷹木信悟らしくないユニッ

トだな」と思いつつも、開き直って楽しんでいた。ユニットが始動するとき、吉野さんに「信悟のキャラをちょっと崩したい」と言われたが、いまの俺だったらもっと「お客さんを楽しませたい」という気持ちを前面に出せただろう。

モンスターエクスプレスでは吉野さんが俺を何かと気遣ってくれて、ユニット名の一部である〝エクスプレス〟という言葉や、ユニットのロゴなどこっちの意見を取り入れてくれた。俺と戸澤がケンカしたときも、うまくあいだを取り持つのは吉野さんだった。

戸澤との関係性はわれながら不思議なものだなと思う。モンスターエクスプレス時代、些細なことで口を利かないことがあったのだが、そういうときに限って2人でトークイベントの仕事が入ってしまった。しかも場所は団体のお膝元である神戸。だが、まったく打ち合わせなしで臨んだにもかかわらず、フタを開ければお客さんや関係者に喜んでもらえるほどイベントとしてちゃんと成立。なんだかんだで戸澤とは波長が合っているのかもしれない。

戸澤とは2013年12月22日の福岡大会で、土井成樹&YAMATO組を破りオープン・ザ・ツインゲート王座を奪取した。俺はこのベルトをYAMATO、サイバー・コングとも巻いているが、一番タッグとしてやりやすかったのは戸澤だった。やはり〝ジャイアンとスネ夫〟、そこにはあうんの呼吸があった。

その後、俺たちは順調にベルトを守り抜くも、2014年7月20日、神戸大会での6度目の防衛戦で王座から陥落。引きずり下ろしたのは前年の夏にメキシコ遠征から凱旋し、新風を巻き起こしていた「ミレニアルズ」のＴ－Ｈａｗｋ＆Ｅｉｔａだった。俺がＣＩＭＡさんに勝ったわずか1年後に、早くも新しい選手たちが台頭。ドラゴンゲートはそれだけ層が厚く、世代交代の波は次から次へと押し寄せてくるものだと実感した。

戸澤と並びモンスターエクスプレスの陽のイメージを体現していたのがウーハーだ。彼も才能あふれるレスラーで、ドラゴンゲートでの活躍後、アポロ・クルーズのリングネームでＷＷＥへと羽ばたいていった。

ウーハーはまさに陽気なアメリカンといった感じで、つねに豪快に笑っていた。周囲を明るくする彼とは琵琶湖で一緒にジェットスキーに乗ったり、リコシェも含めバーに飲みに行ったりしたものだ。ただ、ウーハーとジムに行くのだけは少々気が引けた。なぜなら彼はウォーミングアップのベンチプレスで、いきなり１８０kgという高重量を軽々と上げるためだ。そこそこパワーには自信を持っていた俺も、これには「ついていけねえな」と面食らったものだ。

プロレスファンならば「昭和57年会」という言葉を、一度は耳にしたことがあるのではないだろうか。これは団体の垣根を超えた昭和57年4月〜58年3月生まれのプロレスラーたちが交流する飲み会のようなもので、スタートしたのは２０１３年になる。

きっかけは『東京スポーツ新聞社』の同年代の記者の呼びかけで、最初は俺と内藤哲也、そして当時ＤＤＴ所属の飯伏幸太が集まった。しかし、時間にルーズな内藤や飯伏は平気で遅刻してくるため、「57年生まれのメンバーをどんどん呼んでしまおう」という話になり、石森太二（当時・ノア）

や岡林裕二（当時・大日本プロレス）、宮本裕向（暗黒プロレス組織666）、KAZMA SAKAMOTO（当時・フリー）など、バラエティーに富んだ顔ぶれが揃うように。そして、たくさんの人が足を運ぶようになると、お世辞にも社交的とはいえない内藤と飯伏、そして石森はあまり顔を出さないようになった。

気づくと俺は57年会の会長を務めることになっていた。これは会合を開催するのが神戸在住の俺が上京するタイミングで、基本的にこっちからみんなに声をかけるかたちだったため、自然と会長就任という流れになっただけにすぎない。肩書として聞こえはいいが、要するにただの飲み会の幹事だ。

57年会が始まった当初はまだみんな30歳になったばかりで、これからのプロレス界を盛り上げるべく、いい意味でギラついていた。他団体の同世代の選手の話を聞くことは刺激になったし、志気を高め合えたと思う。まあ、実際のところは酒の席での他愛のない話ばかりで、正直あまり覚えていない。

いまではそれぞれが確固たる立場を築いたのもあり、一堂に会するのもなかなか難しくなったが、またあの頃のように大勢で集まり、酒を酌み交わしながら語り合いたいものだ。そのときは会長の俺が、責任を持って内藤を連れていきたい。

少年時代からの夢だった大仁田戦が本当に叶う！ 歓喜の電流爆破体験

２０１４年に俺はデビュー10周年を迎えた。この年、俺の中で忘れられないのはファン時代に憧れ、自分がプロレスラーを目指すきっかけの一つだった大仁田厚さんとリングで遭遇したことだ。

大仁田さんは２０１２年３月25日の和歌山大会でドラゴンゲートに初参戦を果たし、そのときはストーカー市川さんと対戦。２度目の参戦となった同年７月22日の神戸では、その市川さんとタッグを組んでいた。

そういった経緯も踏まえ俺は会社に掛け合い、大仁田さんに５月11日のアイメッセ山梨でのデビュー10周年大会『風林火山』への出場をオファー。そして決定したのが、鷹木&吉野&戸澤組vs大仁田&田中将斗&ドラゴン・キッド組というカード。田中選手は言わずと知れた大仁田さんの愛弟子であり、ファン時代に新生ＦＭＷを追いかけていた俺にとっては、ファイトスタイルで影響を受けたレスラーの１人である。いまでも２０１３年２月３日に後楽園ホールでおこなわれた田中選手と石井智宏のＮＥＶＥＲ無差別級王座戦を見返すことがある。そしてキッドさんは大仁田さん率いるＦＭＷでレフェリーとして籍を置いていた過去を持っている。この〝ＦＭＷトリオ〟との一戦で、俺は大仁田さんと序盤からイスチャンバラを展開。場外で大仁田さんに引きずり回されているときは、「やべえ、大仁田厚とプロレスしてるぞ！」と、自分でも嬉しくてニヤついているのがわかった。

大仁田さんはこの戦前、「いずれＣＩＭＡと電流爆破がやりたい」と発言していた。それを聞いた俺は、「きっと大仁田さんにとってドラゴンゲート＝ＣＩＭＡで、鷹木信悟のことをよく知らないんだな。そもそもＣＩＭＡさんは電流爆破をやりたいと思うタイプじゃないし、絶対に横取りしてやろう！」と火がつき、流血にまみれながらも最後はキッドさんからピンフォール勝ちをスコア。するとに大仁田さんは俺から響くものを感じ取ってくれたのか、「オマエは俺の電流爆破に入る度胸はあるのか!?」と問いかけ、俺は「逃げも隠れもしない！」と呼応した。こればかりは会社がやらせたいかやらせたくないか、ファンが見たいか見たくないかの前に、自分の気持ちを大事にしたいなと思った。

俺のモットーは「我が道を突き進む」という意味の〝我道驀進《がどうばくしん》〟。自分のプロレスの幅を広げるため、そしてこれからのキャリアを考えたときに、邪道という道を究めた大仁田さんの世界に飛び込みたかったのだ。

そしてこの年の11月3日、俺はグランメッセ熊本で開催された『火乃国大花火』で、大仁田さんと田中選手とトリオを組み、高山善廣&金村キンタロー&ＮＯＳＡＷＡ論外組を相手にノーロープ有刺鉄線電流爆破デスマッチを敢行した。

電流爆破は自分にとって初めて入るサンクチュアリ（聖域）だ。ここにドラゴンゲートで足を踏み入れた選手はいない。当日の舞台裏で俺はほどよい緊張を感じながら、なぜか高校生の頃に「将

来、こんなことがしたいんだ」と親に大仁田さんの電流爆破のビデオを見せ、怒られたことを思い返していた。
　そして入場直前、俺が先頭で次に田中選手、そして大仁田さんの順でリングに向かうと思っていたら、田中選手から「俺が先頭で出るから、そのあと鷹木くん入ってきて」と言われた。
「こっちを気遣ってくれているのかな?」と一瞬思ったが、大仁田

少年時代に魅せられた電流爆破マッチについに身を投じた！ ２０１４年11月3日・グランメッセ熊本で開催された大仁田厚さんの興行（火乃国大花火）で、大仁田さんとトリオを結成。試合では俺が大仁田さんと同体で被弾する場面も（写真）

さんのテーマ曲『ワイルドシング』が流れてから理解した。誰も入場時に俺や田中選手のことを見ておらず、みんな最後に登場する大仁田さんに熱視線を注いでいる。大仁田さんの前がどういう順番だろうと関係ないのだ。俺はちゃっかり「ＦＭＷのレジェンドたちと組んで、いいところを持っていこう」くらいに思っていたが現実は甘くなく、〝涙のカリスマ〟の看板に偽りはなかった。

初の電流爆破は最初から最後まで、まるで夢の世界にいるような気分だった。まさか〝帝王〟高山選手と電流爆破で初遭遇するとは思いもよらなかった。その高山さんの強烈なジャンピング・ニーで、俺は初めて爆破の餌食となった。最初は怖いもの見たさのようなワクワク感を抱いていたが、いざ体験するとダメージと爆音がとてつもなく、意識が飛びそうになった。でも、次の瞬間には爆破の熱さで意識が戻る。「これが電流爆破か……」、俺はえも言われぬ感覚に陥った。

試合中、俺はワキ腹に火傷を負っているのに気づいた。そんな状態でも爆破に追い込まれそうな

最初は怖かったが、初の電流爆破マッチを終えて「最高」の気分になった。トリオを組んだ大仁田さん、田中将斗選手と共に（2014年11月3日・グランメッセ熊本）

大仁田さんを、俺は田中さんと共に救おうとしたのだが、その大仁田さんに服を引っ張られて爆破の巻き添えを食らってしまった。しかし邪道信者からすれば、これもまた嬉しい洗礼。

　最後は大仁田さんが論外選手をサンダーファイアー・パワーボムでピンフォール。そしてここからが大仁田さんの真骨頂だ。「1、2、3、ファイアー！」の大合唱で大会を締めくくると、バックステージに戻り〝大仁田劇場〟の幕が開けた。大仁田さんが俺の目の前まで顔を近づけ、こっちの手を握りながら「俺の残り少ない人生、ぜひ闘ってください！」と言ったときは、その迫力にゴクリと生唾を呑み込んだ。

　もしタイムマシンがあるならば、俺はプロレスラーを夢見ていた鷹木少年の元を訪ね、「いいか、いずれオマエはあの大仁田厚と電流爆破のリングに上がるぞ！　大仁田劇場の登場人物になれるからな！」と伝えてやりたい。

実は数年前に関係者経由で大仁田さんとのシングルでの電流爆破マッチのオファーをいただいたことがあった。結局、実現はできなかったが、プロレス界に「絶対」という言葉はないので、またいつか大仁田さんと関わるときが来るかもしれない。２０２４年の山梨での20周年記念大会のときにいただいた大仁田さんからのお祝いＶＴＲは懐かしくもあり、とても感激したことをよく覚えている。

浜口ジムの先輩・小島さんにインパクト対決を挑む

大仁田さんと遭遇したデビュー10周年イヤーでもう一つ嬉しかったのが、あの小橋建太さんからお声をかけていただき、小橋さんのプロデュース大会（12月10日、後楽園ホール）のメインに出場させていただいたことだ。俺は当時、全日本プロレスの三冠ヘビー級王者だったジョー・ドーリングとのタッグで、宮原健斗（全日本）＆火野裕士（当時ＫＡＩＥＮＴＡＩ ＤＯＪＯ）組に勝利。試合後、小橋さんには「熱い試合だったよ、ありがとう！」と握手を求められた。俺は思わず四天王プロレスが好きだったファン時代に戻り、青春の握りこぶしでガッツポーズを取っていた。

そんな10周年の集大成として、俺は12月28日の福岡国際センター大会でハルクの持つドリームゲート王座に挑戦した。２０１４年5月にマッドブランキーを脱退したハルクは、7月20日の神戸ワールド記念ホール大会でYAMATOを破り7度目の挑戦にしてドリームゲート王座を初戴冠。同期の俺に遅れること6年、ようやく団体頂点のベルトにたどりついたハルクは、同年8月に新ユニット「ディアハーツ」を結成していた。

福岡の王座戦を迎える時点で、俺はハルクにシングルで6勝2敗と大きく勝ち越していた。つねに一歩先を走っていた俺がハルクに挑むという初のシチュエーションでの同期対決は、究極の意地の張り合いとなった。ゴツゴツとした真っ向勝負になり、いまで言うなら鷹木信悟vs石井智宏に近い試合だったと思う。ハルクが鷹木信悟の土俵に入ったようにも見えるが、俺はそれこそ本来のハルクらしさのような気がしている。このハルクとの試合を通し、俺はプロレスの根本はやはり「闘い」だと再確認した。「闘い」のないリングは衰退する。

結果はハルクがファースト・フラッシュから倒れ込むように押さえ込んで勝利した。しかし、ダメージが深いハルクは試合後、ノーコメントのまま救急車で病院に直行した。俺はこの試合で自分が出せるものをすべて出した。一つミスがあったとするならば、それは負けたことだ。記念すべき10周年を有終の美で飾れなかった俺は、「絶対にやり返す!」と心に誓った。鷹木信悟が絶対に負けたくない相手、それがB×Bハルクなのだ。

そのハルクとは2015年5月10日、山梨の凱旋大会で一夜かぎりの祭りとして、戸澤を含めた初の同期トリオを結成している。新日本の小島聡選手がジミーズのジミー・ススム(横須賀ススム)&斎藤〝ジミー〟了と組んだ越境トリオと対戦した。

特別参戦となった小島選手にはこの前年、ミッドブレスというジムの忘年会でお会いした際に「いつか小島さんと試合がしたいです」とお伝えしていた。物腰柔らかい小島さんは「はい、そのときはぜひよろしくお願いします」と返してくれたが、俺の話を社交辞令だと思っていたらしく、半年と経たずに参戦オファーが届いたときは驚いたそうだ。

でも、小島さんは浜口ジムの後輩の頼みに「いっちゃうぞ、バカヤロー！」とばかりに快諾。この史上唯一IWGPヘビーと三冠ヘビーを同時に巻いたことのある大物を迎え撃つには、何かインパクトが必要だと思い、俺が寝ずに考えぬいたのが鷹木&ハルク&戸澤の同期トリオだった。

当然のようにこの年の山梨大会も大いに盛り上がり、とくに俺が〝剛腕〟の小島さん相手にパンピングボンバーを叩き込むと会場は爆発した。逆に小島さんのラリアットの餌食になったのはハルクで、その威力に一発でノドが潰れたようだ。最後は俺が斎藤了さんをパンピングで撃沈。そして小島さんとはリングでの再会を願い、握手を交わした。俺が小島さんと新日本のリングで一騎打ちをおこなうのは、それから4年後のことだ。

「闘い」を欲するあまり、団体に対してイライラしまくる

2013年10月にモンスターエクスプレスが始まってから、約2年が経とうとしていた。和気あいあいとした雰囲気でファンの人気も高かったこのユニットは、初のCIMA超えを果たしドリー

ムゲート王者になるも、わずか1カ月でYAMATOにベルトを奪われ錯乱状態だったこの俺に、戸澤が手を差し伸べたのがきっかけでスタートした。俺も当初はユニットの明るいカラーを楽しんでいたのだが、次第に自分がこの〝仲よしクラブ〟に身を置いていることに耐えられなくなっていた。

不満が溜まった状態に拍車をかけたのが、2015年7月の神戸ワールド記念ホール大会でベルトを巡る闘いに絡めなかったことだ。2007年の凱旋以降、この年間最大の舞台で必ずタイトルマッチに名を連ねていた俺は、まるでカヤの外に置かれたような気分になった。

俺は対他団体にベクトルを向け、鬱憤を晴らすという方法も考えた。だが、ドラゴンゲートには他団体に興味を持たない一途なファンが多く、外から勲章を引っさげて戻ってきたところで思うような評価は得られない。

「だったらドラゴンゲートで結果をつかんだ上で、自分のやりたいことをやってやる！」

キャリアも10年を超え、俺はこのままで終わりたくない、もっと名を上げたいという思いが、日増しに自分の中で強くなっていた。

団体頂点のベルトであるドリームゲート王座は、2015年7月・神戸大会直前の6月14日・博多大会で、俺と同門の吉野さんがハルクから奪取していた。負の感情を溜め込んでいた俺は、その吉野さんに対し「モンスターエクスプレスなんて何も面白くない。レスラーである以上はトップを目指す！」と宣戦布告した。

そして、俺は8月16日の大田区総合体育館大会で吉野さんを力でねじ伏せ、3度目のドリームゲート王座戴冠を達成。ここから一匹狼でやっていこうと思っていたが、利害関係が一致したオープン・ザ・ツインゲート統一タッグ王者のYAMATOや土井成樹さんらと合流し、新ユニット「ヴェルセルク」を結成した。それぞれ自分の現状に不満を抱えていた人間が集結し、反逆のグループが誕生したのだ。

このときは土井さんから「チームカラーには信悟のイメージが強いレッドを使うから、ユニット名やロゴは任せてほしい」と言われたが、俺としてはリング上のことに集中したかったこともあり異論はなかった。

ヴェルセルク以降の俺はベテランを「ガラクタ同然」、新世代を「無能な若手」と切り捨て、口を開けば罵詈雑言を吐くようになった。観客は俺たちにブーイングを送ったが、こっちからすればドラゴ

2015年8月16日・大田区総合体育館で吉野正人さんをラストファルコンリーで破り、3度目のオープン・ザ・ドリームゲート王座戴冠を果たした

ンゲートをぬるま湯にした連中に送れと言いたかった。俺たちは団体の行く末に危機感を持って行動を起こしたわけで、安易にヒールやルードといった言葉でくくられたくはなかった。

この頃の鷹木信悟はつねにイライラし、団体に対してもファンに対しても「みんなヘラヘラしやがって！」と、強い憤りを持っていた。俺は「このリングで闘いというものをもっと強調したい、もっとドラゴンゲートにも自分自身にも火をつけたい」と、沸々した思いを燃やしていた。

べつに俺はストーカー市川さんやジミーズの楽しいプロレスをお客さんが喜んでいるのを、すべて否定するわけではない。ひとつの大会の中でいろいろなものが見られればいい。そういう中で俺は「でも、プロレスの一番の本質は闘いなんだ」ということを見せていきたかった。

この時点でドラゴンゲートに10年以上在籍していた俺が一番感じたのは、ドラゴンゲート一筋の根強いファンはいても、この団体はプロレスファン全体からはそこまで評価されてないんじゃないかということだった。そのコンプレックスが俺の原動力となった。

YAMATO戦敗北で心が空虚に。戸澤のWWE移籍に衝撃を受ける

強いけど人気のない王者、強いだけの王者。それがこの時期の俺だ。鷹木コールが起こるのは年間を通し地元の山梨大会くらいのもので、俺は「オマエら、わかってねえな」と、そのフラストレー

ションをリングにぶつける日々だった。

俺はドリームゲート王者としてその後、ドン・フジイさん、望月さん、Ｇａｍｍａさんといったベテラン勢を相手にベルトを守り抜いた。それぞれが俺との闘いに向けコンディションを仕上げ、まるで「鷹木なら何をやってもいい」という決まりでもあるのかと思うくらいに、激しい攻撃を仕掛けてきた。ベテランの意地は感じたが、俺からすれば「だったら、普段から本気を出せ！」という話だ。

そして２０１５年を締めくくる12月27日・福岡国際センター大会の防衛戦では、真打ちとしてＣＩＭＡさんが登場。２０１３年7月、俺がこの人を破りドリームゲート王者になってから、ドラゴンゲートは新時代へと突入。その後、最前線から一歩引いていたＣＩＭＡさんだが、再びトップへと返り咲くべく俺の前に立ちはだかった。

戦前、「ＣＩＭＡのすべて、ドラゴンゲートのヒストリーすべてを懸けて、ベルトを取りにいく」と宣言していたＣＩＭＡさんは、ファンの大声援を背に立ち向かってきたが、ここで時計の針を戻すわけにはいかない。ＣＩＭＡさんのすべてを受け止め、俺はラストファルコンリーで返り討ちにした。

ドラゴンゲートの時代を作ってきた男たちをねじ伏せた俺は、２０１６年2月14日の博多スターレーン大会でベルトを懸けてススムさんを迎撃。だが、介入したＹＡＭＡＴＯの誤爆もあり、俺はススムさんの前に不覚を喫してしまう。鷹木が敗れた瞬間、会場が壊れてしまうんじゃないかというくらいの大騒ぎになった。ドラゴンゲートの歴史の中でも、あれだけ博多スターレーンが沸いたことはないと思う。

苦杯を舐めさせられた俺だが、3月6日の大阪府立体育会館・第2競技場でススムさんからきっちりとドリームゲート王座を取り戻し、当時の最多戴冠記録（4回）を樹立。続く3月21日の和歌山では斎藤了さんを破り初防衛に成功した。

その後、案の定というか、俺とYAMATOのあいだに亀裂が走る。たとえ同じコーナーに立とうとも、根本的に犬猿の仲であるのは変わらない。仲間割れの末、ヴェルセルクを追われたYAMATOはハルクらと新たに「トライブ・ヴァンガード」を結成。続いてYAMATOは『KING OF GATE』初優勝を飾ると、俺への挑戦をブチ上げた。

決戦の舞台は7月24日の神戸ワールド記念ホール。俺は初めて年間最大の大会で、ドリームゲート王者としてリングに立った。そしてドリームゲート＝鷹木信悟ではなく、ドラゴンゲート＝鷹木信悟だということを証明すべく、俺は掟破りのギャラリアまで繰り出しYAMATOを追い込んだ。だが、勝利の女神が微笑んだのはYAMATO。このときが俺にとって最後のドリームゲート政権となった。試合後、俺はバックステージでこうまくし立てた。

「ヴェルセルク以外の全選手、ドラゴンゲートのファン全員、会社自体に中指を突き立てていくからな！　オレの闘いはこれから始まるんだ、すべてにケンカを売っていく！」

だが威勢のいい言葉とは裏腹に、ここでYAMATOに敗れたことで、自分の中で「もう、このリングでやるべきことはないかもしれないな」と思っていた。CIMAさんやフジイさん、キッドさんとベテラン勢が気を吐き、その下には現世代の俺やYAMATO、ハルク、土井さん、吉野さんがいる。さらにT－HawkやEita、ビッグR清水も育ってきた。選手層が充実し、ドラゴンゲートは気づけば50人近くの大所帯となっていた。

この神戸のYAMATO戦の試合後、俺は試合内容に納得がいかない部分もあり、一人でバーに行きヤケ酒を飲んだ。そして自分自身の現状に対し、「俺はこのままでいいのか？　いまの状態ではレスラーとして死んでも死にきれない」という危機感を持った。

この年の11月3日・大阪大会では、戸澤がドラゴンゲートに別れを告げ、WWEへと旅立っていった。ラストマッチは戸澤の希望もあり、戸澤＆土井＆吉野vs鷹木＆YAMATO＆ハルクという現世代による6人タッグとなった。試合中に俺とYAMATOやハルクとのいざこざがありつつも、最後は3人の連係で戸澤を介錯した。

試合後、俺は戸澤に「辛気くさい別れはやめようぜ。またいつか会ったときは笑い話で盛り上がればいいじゃねえか」と握手の手を伸ばし、戸澤が握り返そうとしたところでボコボコにしてやった。次、リングで会うときも俺は変わらずボコボコにするに違いない。

この戸澤の退団は俺にとって大きな衝撃だった。まさか自分よりも先に辞めるとは思っていなかったからだ。身近な存在だった戸澤の退団は、俺の中でいろいろ考えるものがあった。

「いずれ自分もこのリングを離れる日が来るだろう。でも、それまでに若手を引っ張り上げるのが、残された使命なのかもしれない」

その後、ヴェルセルクに団体のこれからを担うT－Hawkやエル・リンダマン、そしてEitaが加入すると、俺はユニットの方向性をシフトチェンジ。若い世代を中心とした新体制「アンチアス」にユニット名を変更した。もちろん、俺もリング上ではこれまでと変わらぬファイトを見せていたが、胸の内としてはT－Hawkたちに「好きなようにやってくれ、何かあれば俺がケツを持つ」という参謀のような気持ちだった。最終的にこのアンチアスが、俺がドラゴンゲートで最後に所属したユニットとなった。

同郷の英雄・武藤さんとの対戦が叶うも、技が吸い込まれていく…!!

毎年恒例の山梨での凱旋興行『風林火山』。2017年は5月14日に開催し、このときは同郷の英雄である武藤敬司さん（当時・WRESTLE－1）に出場していただいた。武藤さんのことはいずれ引っ張り出したいと思っていたが、やはり大物中の大物だけにそのファイトマネーを考えると尻込みしたのが正直なところだった。

しかし、俺にWRESTLE－1から参戦オファーが届き、2016年12月9日の後楽園ホール大会で武藤さん&KAIと組んで征矢学&火野裕士&KAZMA SAKAMOTO組に勝利。その流れから、武藤さんが地元・山梨で、初めてドラゴンゲートのリングに立つことが決まった。

それまでも『風林火山』には2012年の初開催のあと、13年に曙さん、14年に大仁田さん、15年に小島さん、そして16年に大日本プロレスの関本大介選手に岡林裕二選手と、業界で名を馳せる他団体やフリーの大物選手が出場してきた。ちなみに母親は会場で、俺が関本選手と岡林選手からジャンピング・ボディープレスの連弾を食らうのを見たときに、息子は死んでしまったんじゃないかと動揺したそうだ。

これら凱旋大会は故郷を盛り上げるのはもちろん、いろいろな選手と対戦することで自分の名をプロレス界に知らしめることも目的だったが、武藤さんを担ぎ出したのはその一つのゴールのような感覚があった。そしてこの翌年、ドラゴンゲート所属として最後の凱旋興行にレジェンドの藤波辰爾選手に出場いただいたときは、豪華ボーナストラックのような気持ちだった。

俺は限られた時間ながら武藤さんと接してみて、大仁田さんと同じ匂いを感じた。どちらも他人に興味がないというか、スーパースターとはこういうことなんだなと思った。俺も周囲から「鷹木は人の話を聞いてない」と注意されることがあるが、自分にもスターの素質があるのだと勝手に受け止めている。

2017年の『風林火山』では俺がT－Hawk&吉田隆司と組み、武藤&YAMATO&ハルク組と対戦した。武藤さんは試合序盤、マウントを取るようにグラウンドで相手を翻弄する。俺が学生時代に柔道部だった頃、県大会の記録には無差別級優勝者に「武藤敬司」と記されていたが、その実力が垣間見えた。試合が動き出すと、俺のパンピングボンバーが武藤さんにサク裂し、吉田からは「すごい当たりで汗しぶきが飛び散ってた！」と言われた。だが、俺は技を打ち込みながらも、何か技を吸収されているような不思議な感覚を覚えた。キャリアの中でそう思ったのは、後にも先にも武藤さん一人だ。

こうして他団体の選手と当たること、そしてドラゴンゲート以外のマットに上がることが、自分の中ではどんどん特別なものになっていった。プロレスラーとしてスキルを高めたいのもあったし、単純に刺激に飢えていたのだろう。

２０１７年９月には、俺は同じ57年会のメンバーでもある岡林選手とのコンビで、大日本プロレス『最侠タッグリーグ戦』にエントリーした。これは俺にとって初の他団体でのリーグ戦となった。このときは『ワールドプロレスリング』で内藤哲也vs飯伏幸太が〝昭和57年生まれ最強決定戦〟と謳われていたことへの対抗心もあった。結果的にリーグ戦敗退となったが、「盛り上がっているのは内藤や飯伏たちだけじゃない！」という意地を見せられたと思う。

全日本で「熱い空間」を味わう。新体制のドラゴンゲートから距離を置く

大日本のリーグ戦にとどまらず、俺は２０１８年４月にはドラゴンゲート所属として初めて全

2017年5月14日、6回目となる地元凱旋興行（アイメッセ山梨）には、同郷のレジェンドにして、共に「やまなし大使」を務める武藤敬司さんに出場していただいた。6人タッグマッチで初対決

日本プロレス『チャンピオン・カーニバル』に出場した。歴史と由緒ある大会に出陣することに、自ずと気が引き締まった。

結果はブロック2位タイ（4勝3敗）で優勝決定戦進出こそかなわなかったが、俺はリーグ戦初戦で当時の三冠ヘビー級王者である宮原健斗選手を撃破。プロレス界に向けて、「鷹木信悟、ここに在り！」というインパクトを見せられたと思っている。

そのほかのリーグ戦で印象に残ったのが体格差のあった石川修司戦で、とにかく一発一発が強烈だった。俺は直前の野村直矢選手とのリーグ戦で肋骨を痛めてしまい、そこに130kgの石川選手が覆い被さってきたときには「終わった！」と思ったものだ。それでも必死に食らいついたが、奮闘むなしく敗戦。だが試合中に「信悟」コールが幾度となく巻き起こり、あの巨漢と真っ向から渡り合ったことに大きな充実感があった。

他団体で自分よりも大きな相手に立ち向かった俺は、「自分が求める熱い空間がここにあった」と手応えを感じた。そして、当時は本当はこういう闘いをドラゴンゲートでもやってみたかったが、団体のファンがそこまでは求めていないことも感じ取っていた。現に大会MVP級と言われる活躍を残し、ドラゴンゲートに凱旋してもファンから労いの言葉はない。吉田隆司が唯一、「ようやった！」と声をかけてきただけだった。

俺はドラゴンゲートでかなり煮詰まっていた。団体内で「鷹木を倒す」と目標にされるようになり、逆に自分がこのリングで何を目指していけばいいのか、わからなくなっていたのだろう。

目標に向けて走り続けているときのほうがやりがい、そして生きがいはある。気づけば俺は年齢も30代半ばになっていた。ドラゴンゲートで培った経験を胸に、一歩踏み出すときは刻一刻と近づいていた。

こうして自分の先行きを具体的に考えるタイミングで、ドラゴンゲートという会社自体も大きなターニングポイントを迎えた。

2018年5月7日、CIMAさんが本名の「大島伸彦」名義で、ドラゴンゲートの新体制を発表した。要点としては、岡村隆志社長が病気療養のため株式会社ドラゴンゲートの代表取締役社長から退任。そして取締役会の協議の結果、国内すべての事業を引き継ぐ新会社『株式会社ドラゴンゲートエンターテイメント』を設立し、その代表取締役にはそれまで専務取締役だった木戸亨さんが就任。

さらに株式会社ドラゴンゲートの取締役社長にはCIMAさんが就任し、以降は中国上海を中心とした海外事業に取り組み、そこにT−Hawk、エル・リンダマン、負傷欠場中の山村武寛も追随することになった。

いまだから話せることだが、このとき俺はドラゴンゲートエンターテイメントと契約更新をしていなかった。このことをほとんどの選手は知らなかったと思う。ドラゴンゲートの試合は出続ける予定だったが、先のことも考えてあえて更新しなかったのだと記憶している。そういった特殊な立ち位置だったこともあり、俺は団体の分社化を冷静に見つめていた。

俺がドラゴンゲートを目指すきっかけになったＣＩＭＡさん、そして同じアンチアスのメンバーであり、身近な後輩であるＴ－Ｈａｗｋやリンダマンがドラゴンゲートから去っていく。感傷的な気持ちがなかったといえばウソになる。とくにリンダマンは俺を介してドラゴンゲートに入団した選手だった。彼は思い悩んでプロレスを辞めようと思った時期もあったが、現状を打破するためにイチかバチか賭けてみたいとＣＩＭＡさんに付いていった。俺はいずれ彼らとはどこかのリングで出会うかもしれないと、予感めいたものを感じていた。

こうしてドラゴンゲートが激動を迎える中、新体制初となる7月22日の神戸ワールド記念ホール大会で、俺は吉野さんの保持するドリームゲート王座に挑戦することになった。俺はこのとき、木戸新社長が「いずれ代表権は選手に譲る」と発言していたのを踏まえ、戦前に「5度目の王座戴冠を果たしたら、俺が〝エース兼社長〟だ！」と宣言していた。

いま考えると新体制で取締役に就任した吉野さんに対し、周囲に隠していたとはいえ、フリーの分際でよく言ったものだと、われながら思う。これは話題作りの側面も強かったが、ＣＩＭＡさんたちが抜けたダメージやショックが団体内に少なからずある中で、俺がもう一度ドラゴンゲートの中心に立ってやろうという気持ちがあったのも事実だ。だが、俺は敗れた。そしてこれが鷹木信悟にとって最後のドリームゲート王座戦となった。

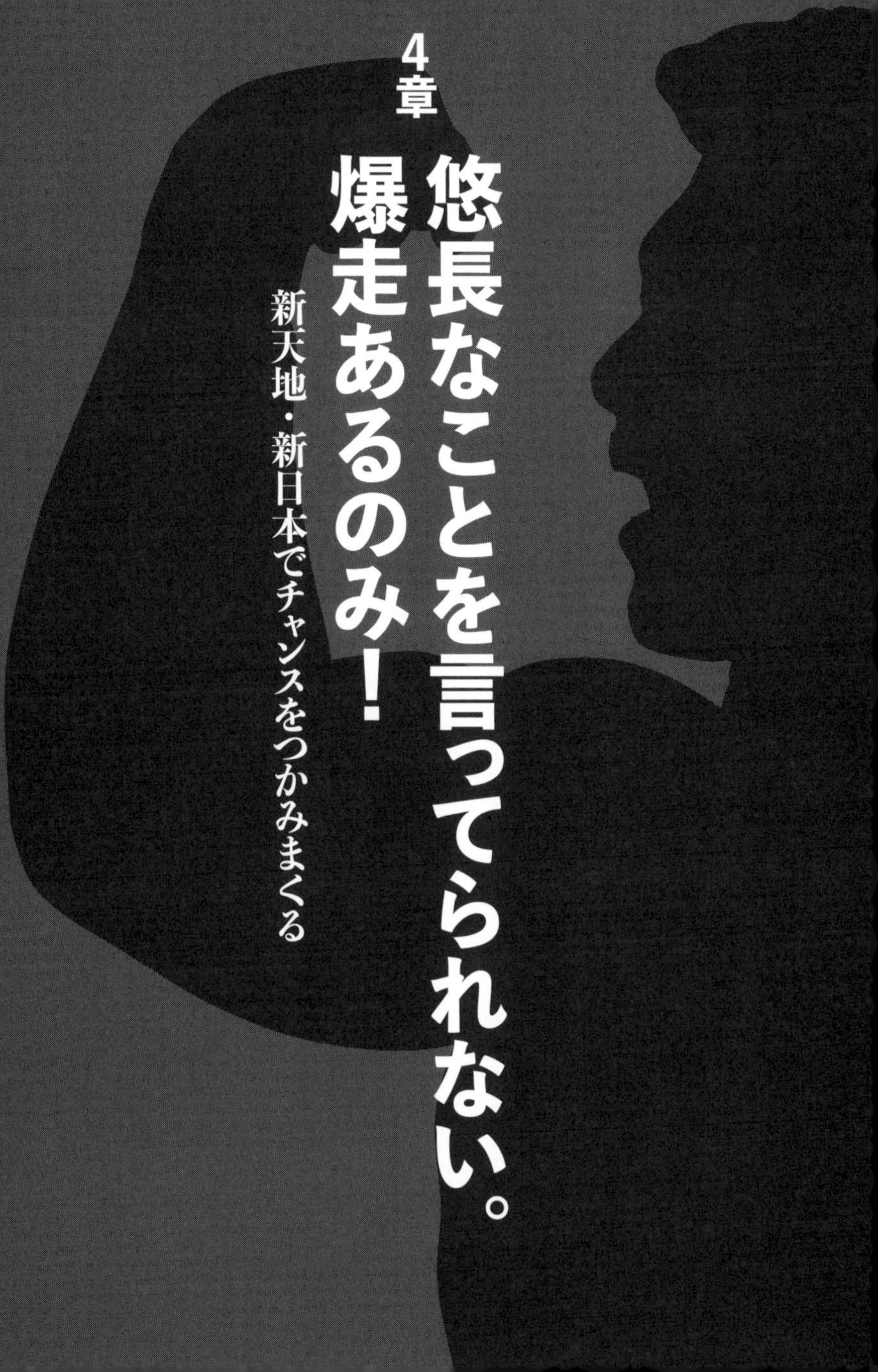

4章

悠長なことを言ってられない。爆走あるのみ！

新天地・新日本でチャンスをつかみまくる

フリーになると決断し、内藤に極秘連絡

２０１８年はドラゴンゲートにとっても自分にとっても、大きな転換期になった。すでに触れたように、２０１８年５月に団体は２つの会社に分かれた。俺はそのままドラゴンゲートに残る意思を見せていたが、それとは別に７月の神戸ワールド記念ホール大会までは専属的にドラゴンゲートに上がって、８月以降はフリーとして活動していきたいと団体の上層部に伝えていた。

よそからのオファー等がなければドラゴンゲートに継続参戦する予定だったが、結果的にこの年９月に退団を発表することになった。それはなにも昨日、今日で決めたことではなくて、何年も前から考えていたことでもあった。正直、俺自身も２０１６年以降は団体の中でどこを目指していけばいいんだろう?と思うこともあったし、いましかできないことをもっと胸いっぱいやりたいと思うようになっていた。

そんな思いからさまざまな団体にも上がるようになったし、日本はもちろん世界にはまだまだ凄いレスラーがたくさんいることをあらためて感じていた。心ここにあらずじゃないけど、自分自身がドラゴンゲートの枠に収まりきらなくなっていたし、団体にも数年前から「卒業」に関しての相談をするようになっていた。

８月以降はフリーとして活動することを決めたとき、実は新日本の内藤哲也に極秘で連絡を取っていた。当時、内藤はロス・インゴベルナブレス・デ・ハポン（以下、Ｌ・Ｉ・Ｊ）を結成して２

年ほど経っていて、新日本のトップの一角として飛ぶ鳥を落とす勢いを見せていた。団体は違うけど雑誌などを通じて活躍は目にしていたし、昭和57年会でたまに話もするようになっていた。

内藤に8月からフリーになることを伝えたのは、もちろん単なる近況報告だけではなくて、自分自身の可能性を探りたいという気持ちもあった。「もし必要があれば用意はできてる」と内藤に伝えたら、「いまは新しいメンバーを入れるつもりはないから難しいかな」というような言葉が返ってきて、話は一旦そこで終わった。

フリーになるにあたって、いろいろと自分の中で決めないといけないこともあった。まず考えたのは、拠点をどこに置くのか？ということだった。地元の山梨に帰るのか、それともさまざまな団体に上がりやすいように東京に家を借りるのか。東京に住みながら、オファーがあればドラゴンゲートに上がろうとも考えていたし、いずれにしろ8月から動き出そう……と思っていたら、とある人物から連絡があった。一旦は話を終えたはずの内藤から、俺のところに電話があったのだ。

内藤から連絡が来たときは素直にビックリした。俺から連絡しても10回に1回ぐらいしか電話がつながらないのに(笑)、そんな内藤から直々に連絡が来たんだから、これはただ事ではないなと思った。

結論から言うと、L・I・Jの新メンバーとして招き入れたいという話だった。7月の新日本のサンフランシスコ大会で高橋ヒロムが首を骨折するという重傷を負っていた。俺もそれはニュースで知っていたけど、ヒロムが長期欠場することになって秋に予定していたジュニアタッグリーグ戦

（『SUPER Jr. TAG LEAGUE2018』）のBUSHIのパートナーが不在になったという。

BUSHIのパートナーとしてどうかな？という話を聞いて、俺は即答した。ちょっと考えさせてくれというのはなくて、「ぜひやりたい」と答えた。正直、内藤が俺に対してどういう印象を持っていたかはわからない。でも、あのときのプロレス界全体を見渡した中で俺をチョイスしてくれたこと、ましてや新日本でトップを走る内藤から直々に話をもらって断るヤツはいないと思う。内藤は「ジュニアだけどいいかな？」って気も遣ってくれたけど、俺は元々が無差別級として闘っているつもりだったし、必ずしも階級で区別しないといけないというこだわりもなかったから、「それでも構わないよ」と答えた。もっともジュニアヘビー級で収まるつもりもなかったしね。

内藤から話をもらうまでに、ほかの団体からもいろいろな話が来ていた。『チャンピオン・カーニバル』に出場した流れもあって、全日本から「また出てください」という話もあったし、当時欠場していた大日本の岡林裕二選手の復帰戦のオファーもあった。

でも、内藤から連絡をもらって、決まりかけていたような話をすべてチャラにしてでも、そこに挑むべきだと思った。実際、２０１８年に週刊プロレスの編集長にインタビューをしてもらったときにも、「ドラゴンゲートを新日本のように東京ドーム大会ができるぐらいデカくしようと思うか、新日本の東京ドーム大会に出ようと考えるか。どっちが近道かって考えたら後者かもしれない」と答えたこともあった。毎年のように東京ドーム大会を観に行っていて、いつかは新日本に上がってみたいという気持ちもあったし、あとは内藤、飯伏幸太、石森太二っていう刺激し合える昭和57年会のメンバーもたくさんいたからね。

内藤の「本気」に全力で応えようと決意

なにより、新日本に上がる決め手になったのは、内藤からオフィシャルから普通に発表するのではなく、10月8日の両国国技館大会でパレハ（仲間）としてお披露目をしたいという話を聞いたときだった。両国国技館という大きな会場で、内藤がそこまで本気で俺を新日本のリングに上げようとしてくれている気持ちが伝わってきて、俺もその気持ちには全力で応えないといけないと思った。

内藤からの話をもらって、俺はドラゴンゲートと話し合いをした。2004年10月にデビューした博多スターレーン大会が10月7日にあったので、節目として博多大会をひとまずのラストにしたいと伝えた。何度かの話し合いを経て、最終的に9月6日の後楽園ホール大会の試合後に退団を正式発表した。木戸亨社長をはじめ会社の上層部の人たちが、俺の意思を尊重して我がままを受け入れてくれたのは本当にありがたく、いまでも心から感謝している。

ドラゴンゲートから離れることが決まっても、変に感傷的になったり、こそばゆいものはなかった。別にプロレスを辞めるわけではないし、俺は変わらずに自分の闘いをしていくだけだと思っていた。ただ、残り1カ月はユニットからも離れて無所属の状態になったことで、できる限りの恩返しをしたいという気持ちもあった。
確かに俺はずっと反体制でやっていたが、心の中では一つのモットーとして「義理人情恩返し（GNO）」というものを常に持っていた。長いこと悪態をついてきたものの、最後の1カ月は精いっぱいドラゴンゲートの鷹木信悟として暴れまわって、ファンの人たちに恩返しができたらいいなと思っていた。

9月22日の大阪大会でアンチアスの一員として最後の試合を終え、2日後の24日の大田区大会ではみずから指名する形でKAIとの一騎打ちを闘った。同じ年の7月に開催されたKAIの自主興行での初シングルは30分ドロー。そして2度目のシングル対決は、本家公認・雁之助クラッチで丸め込まれて3カウントを聞いた。悔しい結果に終わったものの、アニマル浜口ジムでいっしょに汗を流していたKAIとこのタイミングでシングルができたのも、なにかの巡り合わせだったかもしれない。

KAIとのシングル後、リング上にB×Bハルクがやって来た。一瞬、身構えた俺に対してハルクは「オマエに勝ち逃げはさせない。10月7日、博多、俺とシングルで勝負しろ」と、ドラゴンゲートでのラストマッチの対戦相手に名乗りを上げた。突然のアピールにビックリしたものの、俺にも断る理由はなかった。残っていた唯一の同期で漠然と最後の相手として考えていたし、なんやかんやと歴史を振り返ったときに一番自分らしい闘いができた選手であり、組んでも闘っても印象的なのはハルクだった。

だが、ハルクの要望だけを聞いたのでは面白くない。俺はシングルを承諾すると、「来週の後楽園で10年ぶりにタッグを組むのはどうだ?」と10月2日の後楽園大会でのタッグ結成を提案した。観客の声に押されてハルクは嫌々ながらも承諾したが、どういう訳か俺が団体を辞めるとなった途端、多くのファンが手のひらを返すように声援を飛ばすようになっていた。ドラゴンゲート時代は東京のファンにキツく当たることも多かったが、最後ぐらいはハルクとの同期タッグで東京のファンを喜ばせようという気持ちもあった。俺なりの恩返しの一つだった。

迎えた後楽園でのハルクとのタッグ。対戦相手の一人はアンチアスでいっしょに闘っていたEitaだった。すでにアンチアスはR・E・Dとチーム名を変えて活動しており、Eitaはユニットを率いる立場として「責任を持って、オマエらを潰してやる」と語って、ラストマッチを控えた俺の前に立っていた。

当時、Eitaは伸び盛りの選手で、これからもっと良くなっていくと思っていた。それこそ、新日本の『BEST OF THE SUPER Jr.』にエントリーすればいつでも優勝戦線に絡めるぐらいの実力があったと思うし、本当に素晴らしい選手だ。そんなEitaのパートナーは事前に「X」とだけ発表され、当日に呼び込まれる形だった。

入場したEitaが「X」を呼び込むと、場内が暗転。明かりが点くと、目の前には筋骨隆々の外国人選手が立っていた。名乗られるまでもなく、すぐに誰だかわかった。2012年7月までドラゴンゲートで活躍し、その後はWWEで活動していたPACだった。

かつて何度も闘ってきたＰＡＣもまた俺にとっては思い入れのある選手の一人だった。試合ではハルクとの連係攻撃も決めたものの、それ以上にＰＡＣの猛烈な勢いに飲み込まれた。相変わらず身体能力は素晴らしく、ラフファイトも交えたふてぶてしさもあった。最後は敵ながら華麗な空中弾（コークスクリュー式シューティングスター・プレス）を食らって敗北。ＰＡＣに初めて3カウントを奪われる形になったが、最後の最後でいい刺激をもらった気分だった。

試合後はハルクに握手を求めるふりをしてパンピングボンバーを食らわせた。タッグが終わったら、もう次は博多での一騎打ち。すでに闘いは始まっているという宣戦布告でもあったし、最後まで自分らしく闘うという意思表示でもあった。

位置情報騒動で新パレハを匂わせ!?

ハルクとのシングルは毎回のようにバチバチの闘いになるし、博多での一騎打ちも無傷では終わらないだろうなという覚悟はあった。ただ、翌日には新日本の両国大会も控えていたので、試合を欠場するようなケガは避けたい。博多も両国も自分にとっては大一番だったし、とにかく2日間を無事に乗り切ろうと思っていた。

デビューした博多スターレーンで、ドラゴンゲートでのラストマッチができるなんて、本当に運命的だったと思う。スターレーンは2019年3月に閉館してしまったから、あと少しタイミング

2018年10月7日・博多スターレーンがドラゴンゲート所属のラストマッチに。“戦友”のB×Bハルクにシングルマッチで敗北。14年前にデビューした思い出の地で、ドラゴンゲートでの歴史にピリオドを打った

がズレていたらもう試合をすることもできなかった。俺にとって結果的に最後のスターレーンになったハルクとの一戦は、やはりバチバチの闘いになった。

俺は最後まで鷹木信悟らしく容赦のない攻めでハルクを叩き潰しにかかった。ハルクも俺の顔面にハッキリと痕が残るほど何発も蹴りをぶち込んできた。俺に対してだけは遠慮なくキツい攻めをしてくるのは嬉しくもあったし、負けはしたけど同期の2人にしかわからない闘いができたと思う。

パンピングボンバーで首を痛めたらしいハルクは「いつもこうだ。どっちが勝ったんだかわからない。もうコリゴリだ」なんて恨み節を言ってたけど、俺の中では見下していたこともあった相手とはいえ、最終的にハルクはライバルと言える存在になったと思っている。博多では最後に握手して別れたけど、アイツに勝ち逃げなんてさせたくないし、プロレス界はなにが起こるかわからない。だから、またいつかハルクとの決着戦ができたらいいね。

試合後は選手たちがリング上に集まってくれた。なかには涙ぐんでいる選手もいたけど、俺は感傷に浸る気持ちはなかった。一つの区切りをつけて、次のステップに進むという気持ちが強かったし、どうしても次の日のことが頭をよぎっていた。もちろんダメージはあったし、顔もけっこうボコボコで目から出血もしていたけど、なんとか次の日の試合には支障がなさそうだったので一安心していた。

大会後はTシャツ購入者へのサイン会に、多くのファンが並んでくれた。実はその日のうちに東京に移動することになっていたので、内心では飛行機の出発時間も気にしながらギリギリまでサインを書いていた。これは後日談になるんだけど、もう新日本に上がっていた頃に、ドラゴンゲートからサイン会で余った30枚ぐらいのTシャツが家に送られてきたことがあった。サインをしてほしいってことで、俺は家でTシャツにサインを書いて自腹で送り返した。本人はいないのに売店で売るのか?と最初は疑問に思ったが、あとで確認したら追加注文が入り、無事に完売したとのことだった。

話を戻そう。サイン会を終えた俺はみんなに挨拶するような時間もなく、急ぎ足で福岡空港に向かった。すでに東京に家を借りていたので、次の日に備えて自宅に戻ったのだが、ここで一つやらかしてしまった。

自宅に帰ってその日の博多での試合を振り返る投稿をツイッター(現・X)にアップしたところ、位置情報に「東京都」と出ていたようなのだ。俺はある人からの指摘で1時間後ぐらいに削除したのだが、たまたまこれを見た人がさっきまで博多にいたのになんで東京にいるんだ?と疑問に思ったらしい(笑)。9月中旬にスマートフォンを買い替えたときに、位置情報をオフにしなかったことによるミスだった。

10月8日の両国大会を控えて、内藤は10月2日に新しいパレハの投入を予告していた。いろいろな選手の名前がパレハ候補として挙がっていたようだが、位置情報騒動により俺も第一候補になってしまった(笑)。もっとも、俺も博多大会のバックステージで内藤の言葉を借りて「ドラゴンゲートの関係者とファンのおかげで、一歩踏み出す勇気をもらえたよ」とポロッと言ってしまったので、いずれにしろ新日本への登場を匂わせるような形にはなっていた。

新日本初登場をクールに決めるはずが、思わず「ドヤ顔」に

2018年10月8日は、俺にとって新たなスタートの日だった。

14年間所属していたドラゴンゲートでのラストマッチを終えた翌日、新日本プロレスの両国大会に出場した。当日は会場に行く前に美容室に寄って、ドラゴンをイメージしたグリーンのカラーを多めに髪の毛に入れて、セットをしてもらった。身を整えると、迎えに来てくれた内藤の車で会場に向かった。いまではL・I・Jのメンバーから「うるさい」と言われることも多いが、このときの車中では内藤とそれほど会話を交わすことはなかった。内藤なりに気を遣ってくれたのかもしれ

ないが、実際のところ俺自身も緊張していた。

対戦カードでは新しいパレハ「X」となっていた。入場まで完全なるシークレットの存在であり、さらに両国国技館という大会場。そんな出方をするのは初めてだし、ファンの反応もどうなるかわからない。プロレス人生を振り返ってみても、あれほど緊張したのはほとんど記憶がない。前日の夜に福岡から東京に移動し、当日は美容室から両国入りというバタバタの状況もあり、新日本デビュー戦でまさかのニーパットを忘れてしまうほどだった。先に入場していた内藤の「新たなるパレハの入場です」との言葉を受けて、素顔を隠すためのマスクを被ってリングに向かった。

場内の視線を感じながらリングに上がったときは、すでに落ち着いて「無」の心境だった。そしてマスクを取ると、観客の「ウォー！」という歓声が耳に入った。正直、まったく反応がなかったらどうしようと心配していたが、実際は想像以上の反応を受けて嬉しくなり、クールに決めるつもりが思わず「見たか！」という感じでドヤ顔をしてしまった。内藤も声援の多さを聞いて「歓声、凄いね」って声をかけてきたけど、俺は「あぁ、そうだね」って、ドヤ顔とは裏腹にそこは冷静に返した（笑）。

新日本に上がるにあたって、俺は「THE DRAGON」というキャッチフレーズを付けた。前の団体のことも連想されやすいわかりやすいものがよかったし、ドラゴンゲートでのラストマッチ後も「これからも龍魂は背負っていく」と語っていた。さらに、「龍魂継承」という形で天龍源一郎さんのファイトスタイルの影響も強く受けているので、その「DRAGON」も込められてい

ドラゴンゲート・ラストマッチの翌日（2018年10月8日）、新日本プロレスのリング（両国国技館）に初めて立った！内藤哲也率いるユニット「ロス・インゴベルナブレス・デ・ハポン」の新たなるパレハ（仲間）として電撃登場

た。

両国では内藤&SANADA&BUSHIと組んで、オカダ・カズチカ&矢野通&SHO&YOHと闘った。曲がりなりにも14年のキャリアがあったし、入場したときの反応の良さもあって、試合に関しては自信があった。実際にいつも通りに闘えたと思うし、あとYOHをブレーンバスターでマットに叩きつけたときに物凄くいい音が響いたのを聞いて、さすが新日本はリングコンディションがいいなと思った。

同年デビューで、神戸(闘龍門)というつながりがあるオカダとの初対戦も楽しみにしていた。触った程度で終わったけど、向こうからすれば新しい人が来たっていうぐらいの感覚だったろうし、まだまだ顔じゃないんだなっていうのを感じた。そのときの新日本での実績を考えたら当然ではあったけど、俺は内心、ちゃっかり火がついていた。「いつか見てろよ」って思ったね。

試合を終えて控室に戻ると、BUSHIから「あの雄叫びはちょっとロス・インゴっぽくないんじゃない?」っていうのは言われたけど、ほかは特になにも言われなかった。とにかく俺としてはファンの期待に応えられるような闘いを見せて、しっかりと結果を残していかないとなって思ったし、周囲の反応はあまり気にしないようにしていた。

それまで5人で活動していたところに俺が入って、ほかのメンバーが本心でどう思っていたかはわからない。でも、もしかしたら俺のアクの強さみたいなものはちょっと気にしていたかもしれない。正直、俺も加入当初は自分を抑えていたというか、多少はユニットの色に染まっておこうというのはあった。

試合をやっていくうちに餅は餅屋じゃないけど、自分の色を出すようになっていった。最初のうちはユニットになじむ上での潤滑油というか、そういう存在はBUSHIだったかな。内藤もそうだけど浜口ジム時代から知っているし、むかしからBUSHIとは冗談を言い合ったりする感じだった。彼が全日本でデビューしたあともたまに連絡して、人を介して長渕剛さんのDVDを借りたこともあった。

両国での試合から1カ月後ぐらいに、退院した高橋ヒロムも含めてメンバー6人で食事をしたことがあった。俺が店に一番乗りで、そのあとヒロムが来た。ヒロムからすれば自分がケガで欠場しているときに俺が加入したわけで、複雑なところがあってもおかしくはなかったと思う。でも、ユニットの一員として初めて会ったヒロムはまったくそんな素振りもなくて、店を出たあともたまたま方向が同じだったからいっしょに帰った。ヒロムは人当たりもいいし、彼のことを悪く言う人はいないと思うよ。

パートナーとタッチを交わすことなく一人で勝ってジュニアタッグ戴冠

新日本に上がってからの変化という意味では、ツイッター（現・X）のフォロワーが1日で2万くらい増えたし、あとはプロレスだけに集中できる環境が俺には合っていた。試合前の搬入、撤収を選手が手伝うことはなくて、会場に移動して試合をする。俺は会場入りのギリギリまでジムに行ったり、治療をしたいから、そういう環境はピッタリだった。むしろこの環境でリング上のパフォーマンスが上がらなかったらダメだな、向いてないんだなって。学生時代の部活じゃないけど、自分の練習、試合だけに集中できたことが、のちのＩＷＧＰ世界ヘビー級王座戴冠、プロレス大賞ＭＶＰ獲得といった、２０２１年の結果にもつながったと思っている。歴史上の人物である山本五十六の座右の銘『常在戦場』、どんな時も常に闘う準備をしておくという意識はより強まった。

新日本初陣の両国大会から8日後、後楽園ホールで『ＳＵＰＥＲ Jr. ＴＡＧ ＬＥＡＧＵＥ』が開幕した。初戦では前年度覇者のＳＨＯ＆ＹＯＨと対戦した。当時のジュニアタッグ戦線をけん引するチームといきなり当たれたことは願ったり叶ったり。両国はあくまでも顔見せであり、本格的な新日本での闘いはこの日からスタートした。この一戦は外せないという俺の気持ちを察したのかどうか、試合前には内藤から「今日の試合は大事だからね」とＬＩＮＥが送られてきた。俺は「大丈夫だよ、普通にやれば」と返したが、実際に俺は誰が相手でも自分のスタイルを崩さずに闘えるという自信があった。

初戦で印象に残ったのは、相手のＳＨＯがいいツラをしてぶつかってきたことだった。それで俺も火がついたし、最終的にはＹＯＨを仕留めて幸先のいいスタートを切った。試合後にマイクを持つと「俺は高橋ヒロムの代わりではない」と口にした。それは「俺にはヒロムの代わりはできない」

という意味でもあり、俺は俺なりの闘いを貫いて結果を残し、ヒロムが嫉妬してジェラシーを抱くような状況を作るのが使命だと思っていた。そのためにBUSHIとはとことんまで突き進もうと決めていた。

2戦目ではKUSHIDA&クリス・セイビンと対戦した。試合には勝利したものの、KUSHIDAには序盤のレスリングの攻防で手玉に取られてしまった。3戦目は獣神サンダー・ライガー&タイガーマスクという、レジェンドコンビが相手だった。さすが新日本ジュニアの象徴という感じで、試合もパートナーのBUSHIが敗れてリーグ戦の初黒星を喫した。

リーグ戦の終盤では同学年の石森太二と約10年ぶりに対戦した。当時のIWGPジュニアタッグ王者組のエル・デスペラード&金丸義信との対戦ではインサイドワークにやられて、黒星を喫した。最終的に俺とBUSHIは5勝2敗の成績で、デスペラード&金丸、SHO&YOHと3チームが同点となり、3WAYマッチでの優勝決定戦にコマを進めた。結果は直接敗れることなく優勝を逃したものの、リーグ戦全体を振り返れば初対戦の相手もいて新鮮な気持ちで闘うことができた。新しい環境で謙虚さも忘れず、フリーとして生き残っていくために着実に前に進んでいく。キャリア15年目に突入し、一戦、一戦が勝負というシビアな緊張感は刺激的だった。

『SUPER Jr. TAG LEAGUE』で優勝を逃した俺とBUSHIだったが、翌年1月4日の東京ドームでのIWGPジュニアタッグ挑戦が決まった。再びデスペラード&金丸、SHO&YOHと対戦することになったが、いま冷静に考えるとリーグ戦で王者組に勝っているわけでもなけれ

新日本参戦から3カ月、念願の「1・4東京ドーム」（2019年）に初出場。浜口ジム時代から知己であるBUSHIと組んでIWGPジュニアタッグ王座に就いた

ば、優勝決定戦で直接勝敗に絡んだわけでもない。それなのに「3K（SHO&YOH）には負けてねえんだ！」の一点張りでタイトル挑戦にこぎ着けたあたり、すでにジャイアニズムを発揮していたと思う（笑）。

あと、個人的にどうしても東京ドームで試合がしたいという思いもあった。2018年1月4日の東京ドーム大会を（エル・）リンダマンといっしょに観に行ったときに「俺、来年（ドームに）出てるかもしれねえぞ」って冗談で言ってて、本当に翌年の東京ドームに出ていたら面白いなって。たった1年でなにが起こるかわからないなと思ったよ。

2019年1月4日、東京ドームでのIWGPジュニアタッグ選手権で、俺とBUSHIは見事にベルトを獲得した。試合時間は6分50秒と短く、なおかつ3WAYマッチという特殊な試合形式ということもあり、俺は結果的にＢＵＳＨＩと一度もタッチを交わすことなくＳＨＯを下した。ドームのタイトルマッチで、パートナーと一度もタッチを交わすことなく一人で勝ったのは伝説ではないかと密かに思っている（笑）。

参戦から３カ月で、新日本では初めてのベルトを獲得できた。正直なところ、参戦当初は俺に対してお手並み拝見ではないが査定的な目を向けている人もいたと思う。でも俺は自分の中のプロレスの軸というものに自信を持っていたし、新日本でもそれを貫いた上でベルトを獲得できたのだから、やはり俺のやってきたことは間違いではなかったと思えた。査定的な目を向けていた人たちに対して「ほら見てみろ！」という気持ちもあったし、結果を残したことでＬ・Ｉ・Ｊのメンバーも認めてくれていったと思う。

15年間先を走っていた石森に追いつく。初対決のオスプレイと劇的に噛み合う

ＩＷＧＰジュニアタッグのベルトは２月の札幌大会で前王者組のデスペラード＆金丸を下して初防衛に成功したが、３月６日・大田区での旗揚げ記念日大会でＳＨＯ＆ＹＯＨに奪われてしまった。その後、４月の広島大会でもＳＨＯ＆ＹＯＨとベルトを懸けて闘い、またしても敗れた。しかし、広島での一戦は大会のメインイベントで組まれ、ＢＵＳＨＩとのジュニアタッグ戦線での闘いを振

り返ったときに、ＳＨＯ＆ＹＯＨとの一連のベルトを巡る争いは一つのハイライトになった。

ジュニアタッグ王座争いの最中、俺の闘志に火をつけるきっかけになった試合があった。２０１９年３月の『ＮＥＷ ＪＡＰＡＮ ＣＵＰ』尼崎大会。トーナメント１回戦で内藤と飯伏幸太が対戦した。俺と同学年の２人は場内を熱気で包む、素晴らしい闘いを繰り広げた。俺は解説席でその試合を見ながら「ここに座っている場合じゃないだろ。ジュニア戦線だけに留まっていていいのか？」という気持ちになった。危機感まではいかないが、この感情をスルーしちゃいけないと思った。

ジュニア戦線で闘っている以上、５月から開幕する『ＢＥＳＴ ＯＦ ＴＨＥ ＳＵＰＥＲ Jr.』にエントリーされることは濃厚だった。内藤と飯伏の試合を見て刺激を受けていた俺は、リーグ戦の優勝をきっかけにステップアップし、無差別級として枠を広げていきたいという欲に駆られるようになっていた。

『ＢＥＳＴ ＯＦ ＴＨＥ ＳＵＰＥＲ Jr.』の初戦では、ジュニアタッグ王座を巡ってやり合ってきたＳＨＯと激突した。リーグ戦でスタートダッシュを決めることができるかどうかは、ＳＨＯとの闘いで鷹木信悟らしい試合をどれだけ見せられるかに懸かっていると思っていた。俺が新日本に上がってからというもの、ＳＨＯは対戦のたびにムキになって向かってきた。「生意気な小僧だな」と思いつつも、俺にとっても自分らしさをぶつけられるやりがいのある相手でもあった。

実際にリーグ戦の初戦でも真正面から激しくやり合い、関節技で右腕も相当に痛めつけられた。

最後はどうにか振り切ったものの、試合時間は25分を超えていた。それだけSHOは強くなっていたし、ライバルではないが年齢の離れた好敵手と呼べるような存在と言ってもよかった。

SHOとの闘いでインパクトを残せたことで、俺は思惑通りにリーグ戦を突っ走ることができた。

その中でも印象に残っているのはドラゴン・リー戦と石森戦だ。ドラゴン・リーはそのときの流行りの技を畳みかけてきて、対戦していて面白かった。なかなか隙を見つけられず苦労したし、終盤に食らったヒザ蹴りも強烈だった。

俺よりも2年早くプロデビューし、先行していた同年代の石森太二と『BEST OF THE SUPER Jr.』公式戦でシングル初対決し勝利（2019年5月31日・松山・アイテムえひめ）。15年かけてやっと石森に追いついた

石森に関しては、浜口道場時代に東京ドームでの日本デビュー戦を見て悔し涙を流した過去もある、同年代の意識する選手の一人だった。いずれシングルで闘うこともあるだろうと思っていたら、東京ドーム

初参加の『BEST OF THE SUPER Jr.』で優勝決定戦に進出（2019年6月5日・両国国技館）。ウィル・オスプレイに敗れて栄冠には届かなかったが、凄い闘いをできる良き競争相手と巡り合うことができた

での試合を見てから15年以上が経ってようやく1対1で向き合うことができた。それもリーグ戦の最終公式戦というシチュエーションで対戦したけど、恐らく石森はリーグ戦中に首を痛めてコンディションも万全ではなかったと思う。俺が勝利することができたけど、石森のコンディションが万全だったらまた展開も違ったんじゃないかな。

俺は9戦全勝でブロックを突破し、6月5日・両国での優勝決定戦にコマを進めた。長丁場のリーグ戦ではあったが、試合を重ねるごとにどんどんと自分らしさが出てきて、さらに初めての両国国技館でのメインイベント。気分も昂った状態でウィル・オスプレイとの優勝決定戦を迎えられた。

会場の雰囲気も含めて、オスプレイとの優勝決定戦はよく覚えている。試合前にある程度、「こういう選手なのかな」というオスプレイのイメージもあったけど、実際に肌を合わせたら想像を超える凄い選手だった。彼も鷹木信悟のファイトスタイルを理解して、合わせ鏡じゃないけど、初めてシングルをやって、ファイトスタイルも違うのにあそこまで噛み合う相手はなかなかいなかった。初対戦、初シングルというシチュエーションであれほどの激しい試合ができたのは、後にも先にもオスプレイだけかもしれない。過去に闘った外国人選手ではタイプ的にリコシェが近かったけど、打撃とかはちょっとオスプレイの方が上かなという印象だった。33分の激闘の末に敗れてしまったが、オスプレイはまだまだ伸びてくるだろうなと思ったし、末恐ろしさも感じた。ただ、この選手を追いかけていけば俺も頂点に近づいていけるかもしれないという予感めいたものもあった。

ヘビー進出、G1参戦…しゃにむに、貪欲にチャンスをつかみまくる

残念ながら準優勝に終わってしまったものの、『BEST OF THE SUPER Jr.』を通して鷹木信悟の実力は十分に証明できたと思っていた。ジュニアヘビー級を軽視したわけではないが、階級を問わずにもっと強いヤツと闘いたいという思いはどんどん大きくなり、オスプレイとの試合後に俺は「6月9日の大阪城ホールでヘビー級の相手とシングルを組んでくれ」と会社に要望した。仮に『BEST OF THE SUPER Jr.』で優勝していたら、例年通りであればIWGPジュニアヘビー級王座に挑戦ということになっていたと思うが、俺は仮に優勝したらたとえばIWGPイ

ンターコンチネンタル王座などのヘビー級のベルトへの挑戦をぶち上げようと考えていた。それだけ枠にとらわれたくないという気持ちがあったし、自分自身のためだけではなく、プロレス界を面白くするためにもヘビー級の相手との対戦を希望した。

会社は俺の要望を受け入れてくれて、上半期の総決算となる6月9日の大阪城ホール大会で小島聡とのシングルマッチを組んでくれた。すでに触れたように、浜口道場の先輩でもある小島さんとは２０１４年ぐらいにとある忘年会でお会いして、そのときに「いつか闘いたい」という気持ちを伝えたことがあった。実際、２０１５年5月に俺の地元凱旋の甲府大会に参戦していただき、6人タッグで対戦することができた。初対戦後のマイクでも「またリングで会えるのを待ってます」とアピールしたけど、まさか次の対戦が新日本のリングでのシングルになるとは思わなかった。内藤じゃないけど、運命的なものを感じたね。

札止めの大阪城ホールでの小島さんとのシングルは互いに強烈な打撃を叩き込み合う闘いとなった。小島さんのラリアットを食らってヒザから崩れ落ちた場面もあったが、お返しのパンピングボンバーからラスト・オブ・ザ・ドラゴンにつなげて勝つことができた。対ヘビー級の初戦で元『Ｇ１ ＣＬＩＭＡＸ』覇者を下した俺は「来月に開幕するＧ１に、この俺を出せ！」とリング上からアピールした。階級に関係なく凄いヤツは凄い、強いヤツは強いというのを自分の身をもって証明してやろうと思った。

大阪城大会から1週間後の後楽園大会で、『Ｇ１ ＣＬＩＭＡＸ』初出場が発表された。やはり新日本に来たからにはG1には出たいと思っていたし、すでに36歳という年齢も考えたら「また来年」と悠長なことは言っていられない。生き急いでいるわけではないが、チャンスがあるならなにがなんでもつかみ取ろうという気持ちだった。

G1の初戦では、IWGP USヘビー級王座戴冠歴もあったジュース・ロビンソンと対戦した。

2019年6月9日・大阪城ホールで小島聡さんと壮絶な殴り合いを展開。浜ロジムの大先輩に勝利することができた

結果は敗れてしまったが、自分らしく闘えた手応えもあった。「鷹木信悟、ここに在り」というのは見せられたと思ったし、負けて言うのも変な話だが、自分の中では初めてのG1で最高のスタートが切れた。2戦目で矢野通を下して初白星を挙げると、次はタイチとの公式戦を迎えた。

タイチとは因縁めいた

ものが一つあった。新日本に上がる2年ぐらい前に札幌のジムでタイチを見かけた。交流はなかったものの、業界の先輩でもあるし挨拶に出向いたのだが、そのときタイチは「ハァ?」みたいなリアクションでまったく俺のことを知らない様子だった。その一件でどうこうはなかったものの、初めてのシングルを迎えるにあたって当時のことが頭をよぎった。戦前からタイチは、やれ「高木ブー」だの「オマエなんか知らねえ」などと挑発してきたが、試合は真っ向からぶつかり合う激しいものとなった。勝利を収めたことで、タイチに対して「これでちょっとは俺のことを覚えたろ?」という気持ちだった。

G1では再会マッチもあった。AEWからG1に参戦していたジョン・モクスリーとは、かつてドラゴンゲート時代に「KAMIKAZE USA」というユニットで行動を共にしていた。当時の彼はアメリカのインディー団体を渡り歩いていて、自分で車を運転して各地の会場まで移動していた。俺も車に同乗させてもらったこともあったし、アメリカのインディーの選手は大変だなって思ったけど、当時から野心を凄く持っている選手でもあった。その後にWWEと契約して、あっという間にスーパースターまで駆け上がって凄いなと思ったし、そんなモクスリーと新日本マットで約10年ぶりに再会するんだから、本当にプロレスっていろいろなことがつながっていくなって。

ただ、俺は思い出マッチにするつもりはなかった。ケンカ上等で向かっていったが、どうやらモクスリーも同じ気持ちだったようで、机へのニークラッシャー、さらにイス攻撃と荒っぽい攻撃を食らった。最後もテキサスクローバー・ホールドでギブアップ負けと悔しい結果となったが、試合後にモクスリーは「ヘビー級でもあんなヤツはいない。素晴らしいアスリートだ」と俺のことを評してくれていた。

内藤と胸いっぱいのシングル対決。石井の想像を絶するヤバすぎるプロレス

リーグ戦も終盤に差しかかったところで、内藤との初シングルを迎えた（8月4日、大阪府立体育会館＝エディオンアリーナ大阪）。やはり内藤との一戦は注目度もケタ違いで、俺の中にも感慨深さはあった。ましてやドラゴンゲート時代から慣れ親しんだ関西（大阪）での一戦とあり、カッコ悪いところは見せられないと相当に気合が入っていた。

浜口道場時代のスパーリングでは、俺は内藤に1回しか負けたことがなかった。久々に1対1で向き合い、俺はゴングが鳴るとかつてスパーリングをしていたときのように低い体勢で距離を詰めようとしたが、内藤はスッと離れて相手にしてくれなかった。それでも自分のスタイルに引き込めば負けないだろうと思っていたが、内藤は想像以上にタフだった。終盤には普段は繰り出すことのないカナディアン・デストロイヤーも決めてきたし、天才肌のところもあるのだろう。残念ながら敗れてしまったが、内藤の強さを感じることができて俺は嬉しさもあった。対戦が決まったときも嬉しかったが、試合後はそれ以上に嬉しかった。浜口道場時代から切磋琢磨してきて、ようやくプ

初参戦の『G1 CLIMAX』公式戦で内藤とシングル初対決（2019年8月4日・大阪府立体育会館）。デスティーノで敗れたものの、浜口ジムでシノギを削った者同士、ついにプロのリングで対峙できたことに格別の喜びを感じた

ロレスのリングで向き合うことができた。ようやく内藤との闘いがスタートを切った感覚で、絶対にやられたままでは終わらないという気持ちになった。

内藤との一戦を終えると、次は石井智宏との公式戦だった。俺は昔からアニマル浜口さん、天龍源一郎さん、長州力さんの試合を散々観てきた。プロレスラーになってからは田中将斗さんと石井の2人から影響を受けていたし、石井のルーツ（天龍さんのWARでデビュー、長州さんのリキプロなどを経て新日本入り）を考えてもプロレス観、ファイトスタイル的に近いところがあるのかなと思っていた。

だが、実際にリング上で肌を合わせると自分の中のイメージを大きく超えてきた。とにかく石井は強烈すぎた。一発一発が重く、タフで、スタミナもある。試合中に何度もヤバいと思ったし、精神的にもシンドい闘いだった。本当に苦しい試合だったが、勝てたことで大きな自信につながった。

最終公式戦では後藤洋央紀と対戦した。モクスリーとの一戦で腰、ヒザを痛めていたが、リーグ戦の後半になるにつれてどんどんと気持ちは燃え上がっていた。最終公式戦の会場が日本武道館というのも良かった。初めて足を踏み入れた日本の武道の聖地は自然と心を熱くさせたし、天井の大きい日の丸を見て気合も入った。後藤も石井と同じく攻撃が強烈で、懐の深い選手だった。後藤から勝利して、最終的に4勝5敗でリーグ戦を終えた。

もちろん勝ち越したかったけど、最後の2戦で石井、後藤から取れたのは大きかったし、そこまでヒドい最終成績ではなかったのは良かったかな。開幕前から「なんであんなヤツをG1に出した

2019年8月8日・横浜文化体育館の『G1 CLIMAX』公式戦で石井智宏に大激闘の末、辛勝。肉弾真っ向勝負を身上とする者同士、「同じ匂い」を感じていたが、想像をはるかに超える当たりの強さだった

んだよ」と言われない自信はあったが、実際に１カ月余りのリーグ戦を通して試合内容を含めてヘビー級でもやっていける手応えはつかめた。だから後藤戦のあとに「俺はヘビー級の選手としてやっていく」と正式にヘビー級転向を表明した。

ヘビー級転向後の最初の大一番は、Ｇ１最終公式戦で下した後藤とのスペシャルシングルマッチだった。やりがいのある相手だったし、俺も望むところではあったが、第二の故郷とも言うべき神戸での一騎打ちに敗れてしまった。年末の『ＷＯＲＬＤ ＴＡＧ ＬＥＡＧＵＥ』には、メキシコＣＭＬＬのテリブレとのコンビで出場した。最終的には６勝９敗と大きく負け越してしまったが、俺の拙いスペイン語でコミュニケーションを取りながら、リーグ戦を通す中でテリブレのプロ意識の高さというものを感じていた。

２０１９年の締めくくりは後楽園３連戦だった。

俺は初日に内藤とのコンビで、飯伏&棚橋弘至組と対戦した。俺を除いた3人は年明けの東京ドーム大会でシングルマッチが決まっていた。なんとか存在感を見せようと意気込んだものの、最後は棚橋にうまく丸め込まれてフォール負け。2019年の最後に大きな借りを作ってしまったが、年明けの1月5日・東京ドーム大会ではNEVER無差別級6人タッグ王座挑戦も決まっていたので、2020年のスタートで乗り遅れるわけにはいかないという気持ちで1年を終えた。

新日本所属初日にシングルベルト戴冠！ コロナの渦中、自宅で工夫を

2020年は1月4日&5日の東京ドーム2連戦で幕を開けた。俺は2日目にEVIL&BUSHIとのトリオでNEVER無差別級6人タッグ王座に挑戦した。王者組を含めて5チーム出場のガントレットマッチでのタイトルマッチ。通常のタッグマッチで始まり、決着がつくごとに次のチームが入場し、最終的に勝ち残ったチームが勝者になるというルールだった。俺たちのチームは4番目に登場し、2チームを撃破して見事に最後まで勝ち残り、ベルト奪取に成功した。パートナーのEVILもBUSHIも柔軟でスマートなタイプで、組んでいてもやりやすかった。だから、2度の防衛に成功したのち、EVILのL・I・J脱退に伴いベルトを返上することになったのは残念だった。

年頭から幸先のいいスタートを切ると、1月6日の大田区大会では後藤&石井組と対戦した。どちらも因縁深い相手ではあったが、俺は前日のドーム大会でNEVER無差別級王座を奪取していた後藤からフォール勝ちを収めて、ベルトへの挑戦をアピールした。前年9月の神戸大会で負けた屈辱を忘れてはいなかったし、あと1月5日の東京ドームでIWGPヘビーとIWGPインターコンチネンタルの2冠王者になった内藤の存在も俺に刺激を与えていた。内藤が2本のベルトを輝かせているなら、俺はNEVER無差別を取って価値を高め、IWGPにも見劣りしないようなベルトにしてやろうと思った。

後藤とのタイトルマッチは2月1日の札幌大会（北海道立総合体育センター 北海きたえーる）で組まれた。戦前は「混沌の極み」「後藤ワールド」とかいろいろと挑発もしたが、後藤の実力は十分にわかっていた。実際に試合は紙一重でシンドい試合になったが、どうにか勝利してベルトを奪取した。新日本参戦から1年4カ月、この年2月から新日本の契約選手になっていた。所属になった初日であり一発目の試合でシングルベルトを獲得できて最高の気分だった。NEVER無差別のベルトに俺の魂をぶち込んで、IWGPヘビーのベルトがナンバーワンなら、NEVERはオンリーワンのベルトを目指してやろうと意気込んだ。

2月20日の後楽園大会では、NEVER無差別の初防衛戦として石井を迎え撃った。相変わらず石井はすべてが強烈だったが、辛うじてベルトを守ることに成功した。石井との闘いはもちろんキツいが、終わってみれば気持ちのいい痛みでもある。魂と魂をぶつけ合う、「これぞプロレス」という闘いを初防衛戦で見せることができた。さらにベルトの価値を高めるため、俺はシングル王者として『NEW JAPAN CUP』への出場をアピールした。そして2月25日にトーナメント出場が発表され、1回戦でオスプレイと当たることが決まったのだが…。

2月に入ったあたりから、会場でマスクをしている人の姿をよく見かけるようになった。その時点でちょっと変な感じはしていたが、やがて新型コロナウイルス感染拡大に伴い、日本政府からイベントの中止・延期要請が出された。新日本プロレスも要請を受けて2月26日の沖縄大会後に3月15日までに予定されていた11大会の中止を決定した。その後も次々に大会の中止・延期が発表され、活動休止期間は続いた。

俺も最初は1、2カ月で正常に戻るだろうと思っていた。だが、正常に戻るどころか、時間が経

2020年2月1日・北海道立総合体育センターで後藤洋央紀を破り、NEVER無差別級王座奪取。新日本所属第1戦で、新日本のシングル王座を初戴冠した

つにつれて事態は深刻さを増し、これまで経験したことがない日々を送るようになっていた。4月に入って間もなくすると緊急事態宣言が発出された。俺はトレーニングジムも閉鎖されると思い、すぐにネットショッピングでトレーニング用のベンチ台、ダンベル、懸垂器具などを購入し、自宅で練習ができる環境を整えた。さらに自宅マンションの外階段を上り下りするなどして、できる限りのトレーニングでコンディションの維持に努めた。

トレーニング以外ではあまり外出しないようにして、混んでいる時間帯を避けて買い物に行ったり、あとは自宅で映画を見たりしていた。レスラー仲間ともほとんど連絡を取っていなかったし、誰にも会わずに1日が終わることがほとんどで、同じ日を何度も何度もリピートしているような感覚だった。日本だけではなく世界中が大変な時期であり、これぱかりは仕方がなかった。とにかくプロレスラーとして、いつになるかわからない興行再開に向けて準備だけは怠らないようにしていた。

興行活動停止から3カ月余りが経った6月9日、緊急事態宣言が一時的に解除されたことを受けて大会の再開が発表された。実に110日ぶりの大会は、6月15日に都内の会場（非公開）で無観客で開催された。大会再開後の一番の変化は無観客、そして歓声なしという状況だった。俺の中ではお客さんがいなくても、歓声がなくても、レスラーのやることは変わらないという開き直りに近い気持ちがあったし、置かれた環境でできることをやろうと思っていた。

元々、試合中に声を出すようにはしていたけど、歓声がないならどうやったらお客さんに拍手を起こさせることができるか？ というのは考えた。あとはサプライズ的な動きで驚かせてやろう、笑顔にさせてやろうとか、本当は声を出しちゃいけない中で思わず声が出るようなものを見せてやろうという気概も持っていた。

みずから手を叩いて観客の拍手を煽る拍手ハラスメントもコロナ以降からだし（笑）、いまでは代名詞のようになっている「キタキタキターッ!!」の叫びもコロナ禍で少しでも会場を盛り上げようという中から積極的にやるようになった。確かに人数制限で半分ぐらいのお客さんしかいなくて、声援もない後楽園ホールで試合をしたのは寂しいところもあったし、内藤とも「やりづらいね」っていう話をしたこともあった。見ている人からのリアクションがないのはキツいところもあったけど、でも一番ツラいのはせっかく会場まで見に来ても心の底からプロレスをエンジョイできていないお客さんだった。そういう中で俺らまで下を向いていたらよくないし、リング上は明るく、激しいものを見せられるようにしようと心がけていた。

内藤、飯伏ら同世代と存分に闘いたい気持ちが燃え盛る

大会再開に伴い、延期となっていた『NEW JAPAN CUP』も6～7月に開催された。俺は1回戦でSHOと対戦したが、足元をすくわれる結果になった。負けておいて言うことでもないが、当時のSHOにはスタイルを模索しているような印象があった。個人的には体のサイズがない

中でもがいていたSHOの闘い方は好きだったけど、本人的にはスタイルに迷いがあって、浮上のきっかけをつかもうとしていたのかなって。彼のなんとかしたい、現状を打破したいという強い気持ちに押し切られてしまったような形だった。

最終的に『NEW JAPAN CUP』で優勝したのは、同じL・I・JのEVILだった。だが、EVILはオカダとの優勝決定戦後に内藤を裏切る形でユニットから脱退し、BULLET CLUB入りした。当時、俺の中でEVILには「仕事人」というイメージがあって、ユニットの一員としては非常に頼りになる存在だった。彼の真意はわからないので推測でしかないが、俺がユニットに入ったことでL・I・Jのカラーがグレー寄りからホワイトに近づいてきて、そこに違和感を覚え始めたのかもしれない。自分の居場所として敬遠した結果、BULLET CLUBに行ったのかもしれない。その後、内藤を下してIWGP2冠王座（ヘビー級&インターコンチネンタル）も奪取したんだから、彼の選択は間違っていなかったんじゃないかな。

NEVER無差別のベルトを持っていた俺は、7月の大阪城ホール大会でSHOを下して、『NEW JAPAN CUP』の借りを返すとともに防衛に成功した。さらにその後の名古屋大会ではエル・デスペラードを相手に防衛戦を闘った。デスペラードはクレバーで頭脳的な闘い方をする選手で、試合では徹底的に足を痛めつけられた。苦しい展開の中でベルトを守ると、次は8月の神宮球場大会で鈴木みのるとのタイトルマッチに臨んだ。

鈴木みのるに関しては、対戦してみたい選手リストの中の一人だった。いろいろな団体で結果を残しているし、知名度も実力も間違いないから触れてみたいなと思っていた。最後はゴッチ式パイルドライバーを食らって負けてしまったが、マットに叩きつけられる寸前に上空を飛んでいた飛行機のエンジン音が聞こえたのを覚えている。真夏の屋外大会、無歓声ならではの記憶かもしれない。ただ、プロレス王とも呼ばれる鈴木みのるとその後も何度もシングルができたのは、間違いなく経験の一つになっている。

この年の『G1 CLIMAX』は史上初の秋開催となった。同じブロックにはオスプレイ、飯伏、そしてオカダと対戦が楽しみな選手が揃っていた。オスプレイとはリーグ戦の序盤で、ゆかりある神戸で激突した。前年の『BEST OF THE SUPER Jr.』優勝決定戦で敗れ、新日本で初めて黒星をつけられた相手。さらに『NEW JAPAN CUP』1回戦での対戦が流れていたこともあり、ようやくリング上で再会できると思うと、自然と気持ちも奮い立った。ヘビー級戦士になっていたオスプレイは体がデカくなり、パワーアップもしていた。その上でスピードは落ちていないのだから、まさにモンスター級だった。だが、俺にも意地とプライドがある。STAY DREAM、パンピングボンバー、ラスト・オブ・ザ・ドラゴンの畳みかけで3カウントを奪った。神戸の地で「鷹木信悟、強くなったな」と強烈に印象づけた上でのリベンジは、大きな1勝だった。

俺が新日本に来た理由の一つに、内藤、飯伏といった同世代のヤツらと闘いたいというのがあった。内藤は前年のG1で初シングルを闘った。そしてこの年はついに飯伏と初めて1対1で向き合った（10月7日、広島サンプラザホール）。試合はメインイベントで組まれ、団体側の期待も感じた。

闘いは激しいものとなり勝利を挙げることができたものの、同時に俺の中には「やり足りない。飯伏とならもっともっとできるんじゃないか」という気持ちがあった。だから試合後にはリング上で「必ずまたやろう」と言葉を交わしたし、この一戦をスタートに飯伏とやり合っていけたらいいなと思っていた。

飯伏に続いて、同じ2004年デビューの一人であるオカダとも初シングルを闘った（10月10日、大阪府立体育会館＝エディオンアリーナ大阪）。互いに闘龍門をルーツに持つオカダとの対戦を控えて、たまたまスペル・シーサーさんに連絡することがあった。シーサーさんには俺もオカダもコーチとして見てもらっていた時期があったので、「あのとき練習を見ていた2人が新日本のトップとしてメインイベントで対戦するとは思わなかったよ」という言葉をかけてもらった。

新日本のトップとは言ってもらったものの、初めてシングルで対戦したオカダからは懐の深さを感じた。まさに新日本のトップとして長らく活躍してきた選手の懐の深さというか、どれだけ俺がムキになって追い込んでいっても、オカダからは余裕のようなものが感じられた。マネークリップで絞め上げられても意地でもギブアップをしなかったが、最後はレフェリーストップで敗北。余裕を壊してやろうと思ったけど、そんなに甘くはなかった。

2度目のG1も、前年に続き4勝5敗で終えた。ただ、オスプレイ、飯伏に勝利したのは大きな自信になったし、鈴木みのるも下したことでNEVER無差別のリベンジマッチが11月の大阪大会で組まれた。

鈴木からNEVER無差別のベルトを奪還すると、年末の『WORLD TAG LEAGUE』にはSANADAとのタッグでエントリーした。SANADAとは新日本に上がる前にトレーニングジムで会ったのが最初で、そのあと共通の知人の食事会で顔を合わせたこともあった。SANADAは本当にマイペースで、アルコールが入らないとあまりしゃべらないという印象だったかな(笑)。でも、タッグリーグに出ることになって、この2人ならいいモノが見せられるだろうし、いいモノが残せるだろうなという感覚があった。実際、当時のIWGPタッグ王者組(タイチ&ザック・セイバーJr)からも勝利して、優勝決定戦まで残ることはできなかったけど、自分なりに手応えのあるチームだった。

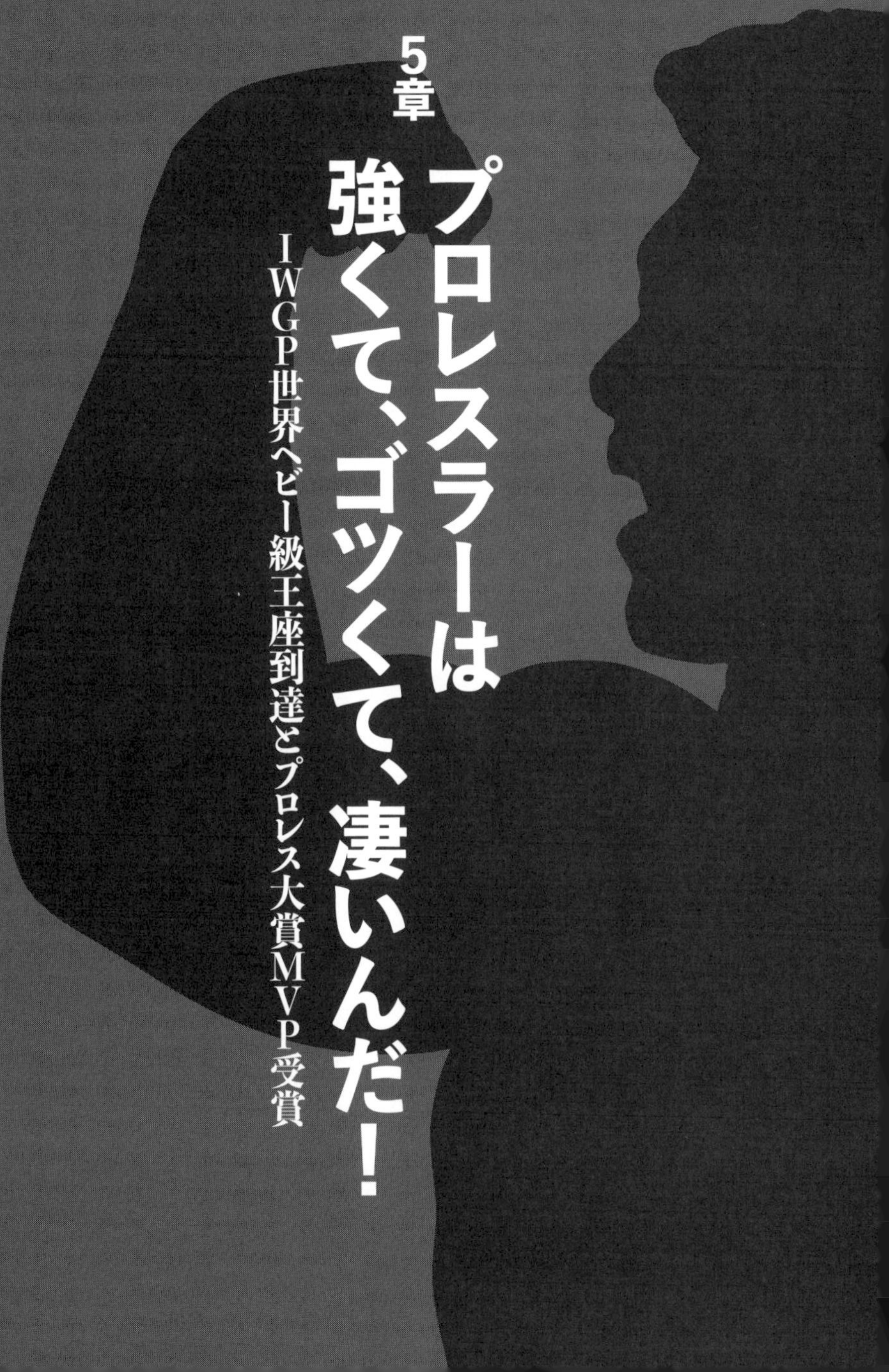

5章

プロレスラーは強くて、ゴツくて、凄いんだ！

ＩＷＧＰ世界ヘビー級王座到達とプロレス大賞ＭＶＰ受賞

実際に闘ってみて感じた棚橋、内藤、オカダの「深さ」

2021年1月5日の東京ドームではジェフ・コブを相手にしてNEVER無差別級王座戦が組まれた。コブには前年末の『WORLD TAG LEAGUE』最終公式戦で敗れていたが、それ以前にも『G1 CLIMAX』では2年連続で苦杯を舐めていた。レスリングで2004年のアテネ・オリンピック出場経験もあるほどの身体能力の持ち主であり、パワーも凄まじい。そんなコブとの初対面はアメリカのインディーマットだった。

すでにコブが新日本に参戦していた2018年9月。PWGという団体がロサンゼルスで開催した大会のトーナメントにエントリーした俺は、決勝戦でコブ、バンディードと対戦した。コブに直接敗れたわけではないが、そのときから物凄いポテンシャルを持っていたし、本格的にシングルで闘ってみたいなと思った。実際、試合後にバックステージで「またやろうぜ」っていう感じでいっしょに写真も撮ったんだけど、ロサンゼルスの小さな会場で出会ったときから3年が経って、東京ドームでベルトを懸けて闘えたのは嬉しかったね。

コブとの試合の前日、1月4日の東京ドームのメインイベントでは内藤哲也と飯伏幸太がIWGPヘビー級&IWGPインターコンチネンタルの2冠王座を懸けて対戦した。俺と同学年の2人がドームのメインでタイトルマッチを闘っているのを観て、とんでもなく刺激を受けた。翌日のタイトルマッチに向けて「俺もなにがなんでもやってやろう！」と気を引き締め直したし、是が非でもベルトを守ってみせると心に誓った。

コブの猛攻を受けて苦しい闘いとなったが、どうにか最後は振り切ることに成功した。正直、試合には勝ったものの勝負には負けたような気分だったが、2020年にシングル、タッグで黒星を喫したコブに一つ借りを返したことで、前年の嫌な記憶を払しょくできた。言うならばコブとのタイトルマッチは2020年の総決算。そして翌日の1月6日・TOKYO DOME CITY HALL（TDC）大会から2021年が始まるという気持ちだったが、そのスタートで思わぬ相手との因縁が勃発することになった。

1月6日・TDC大会のカードは当日発表で、10人タッグマッチの対戦相手は飯伏&棚橋弘至&ロッキー・ロメロ&SHO&マスター・ワト。俺はそれまでシングルでの対戦経験がなかった棚橋に突っかかった。激しくエルボーを打ち込んでいくと、棚橋も応戦してきた。試合中に手応えをつかむと、試合後にはNEVER無差別のベルトを手に棚橋を挑発。「100年に一人の逸材？　俺からしたら逸材じゃやねえよ、偽りだよ！」などと言葉でも仕掛けて、NEVERの激烈な闘いの渦に引き込んでみせた。

棚橋は俺がファン時代から観ていた選手だ。地元のアイメッセ山梨に新日本を観に行ったとき、第1試合にヤングライオン時代の棚橋が出ていて、若手とは思えぬ筋骨隆々の肉体を観て驚いたことがある。あれだけの肉体をあの若さで作り上げるのは凄いことだし、当時プロレスラーを目指していた俺に大きなインパクトを与えた。

プロレスラーになってから神戸のトレーニングジムで初めてお会いして、すでに触れたようにドラゴンゲートで吉江豊さんと試合したあとには「棚橋と試合をしているみたいだったよ」と言われたこともあった。俺の中で新日本と言うと攻撃的な印象が強かったが、実際に対戦したオカダ・カズチカ、棚橋、内藤といった新日本のトップからは、相手を引き出すような試合運びを感じた。俺の印象の中での新日本っぽさがなくて、闘っていると引き込まれるような感じで奥が深いなと思っていた。

当時、IWGPヘビー級王座の最多戴冠記録を持ち、俺が東京ドームを観に行っていたときは常にメインイベントでタイトルマッチを闘っていた、正真正銘の新日本のトップとがっぷり四つでやり合うのは初めてのことだった。俺は1対1で闘えることを楽しみにしていたが、当の棚橋は「再起を懸ける」とか小さなことを言っていた。そんなことを言っているヤツが挑戦できるほどNEVERのベルト、鷹木信悟は甘くないという思いから、俺は「エースだったら、逸材だったら、進退を懸けるつもりで挑んで来い！」と応戦した。

せっかくシングルマッチで闘うなら、強い棚橋と対戦したかった。だから本気の棚橋を引き出すために、俺は言葉でもとことん仕掛けていった。「愛を叫んでいるが、偽りなんじゃねえか？」「オマエにあるのは真心じゃねえ下心だ」「なにが『GO ACE』だ。俺には『NO ACE』って聞こえるぞ」などと徹底的に挑発した。

徐々に棚橋も鷹木信悟の世界に飛び込んできて、タイトルマッチ直前の前哨戦後には「鷹木選手、惚れたよ」と思わぬ告白を受けた。その場では「オマエの告白には応えられない」と返したものの、正直なところ「惚れたよ」という言葉にはやられたと思った。棚橋はすべてを受け止めてしまうというか、例えるなら卓球のラリーみたいな感じで永遠に応酬が続きそうな感じだった。俺も新鮮で楽しみながらリング内外でやり合っていたよ。

試合では俺の激烈な攻めに対して、棚橋も普段は見せないようなヘッドバット、ラリアットを見舞ってきた。ドラゴン・スープレックス、スリングブレイド、ハイフライフローとフルコースを食らって負けてしまったが、いつか見ていた「強い棚橋」と闘えたことに嬉しさもあった。試合後に棚橋は「鷹木選手に教わりました。プロレスラーは、いつ、いかなるときも胸を張って、前に突き進んでいきます」と言っていたが、仮に俺が「強い棚橋」を引き出したのだとしたら、試合には負けたけど勝負には勝ったかなって。

もちろん相手のすべてを受けて勝ってやろうっていう気持ちもあったが、棚橋弘至は懐が深くて甘くはなかった。でも、対棚橋という部分ではインパクトを残したと思うし、新日本でのキャリアを振り返ったときにターニングポイントになった一戦だった。ベルトは失ってしまったが、東京ドームでのコブ戦、そして棚橋戦と自分自身を勢いづかせる闘いができたことで、「2021年、さあ行くぞ！」という前向きな気持ちにつながった。

レスラー人生史上に残る「痛すぎる攻撃」をオスプレイから食らう

3月に入り、『NEW JAPAN CUP』を迎えた。俺は前年、1回戦でSHOと対戦して敗れた。「今年こそは！」という思いが強かった中、1回戦で組まれた相手はオカダだった（3月6日、大田区総合体育館）。前年の『G1 CLIMAX』での初シングルはリーグ戦の終盤での対戦だったが、今回は1回戦での激突。お互いに万全の状態で当たれるという楽しみもあったが、もう一つ前年とは違ったのは、オカダがレインメーカーを解禁していたことだった。

初シングルのときはレインメーカーを食らうことなく、マネークリップで絞め落とされるという屈辱を味わった。ならば今度はレインメーカーを出させた上で勝利してやろうと意気込んだ俺は「俺のパンピングボンバーが上か、オマエのレインメーカーが上か。どっちかハッキリさせようぜ」とけしかけるような言葉を投げかけた。

試合ではパンピングボンバーを何発も叩き込んだ。レインメーカー式パンピングボンバーも放ってオカダに迫ると、終盤についにレインメーカーを狙ってきた。俺は待ってましたとばかりに、相手の腕を取って切り返した。そしてオカダを担ぎ上げると、一気にラスト・オブ・ザ・ドラゴンで叩きつけて3カウントを奪った。

戦前のけしかけるような言葉は、俺の作戦だった。あえてレインメーカーを出させるように仕向けて、そこを狙って仕留めてやろうと思っていたのだ。戦略が功を奏して優勝候補のオカダを撃破すると「俺には聞こえるぞ、鷹木信悟、待望論が！」とリング上でアピールした。もちろん優勝を目指しての言葉ではあったが、同時に当時の新日本はリング外の話題が大きく取り上げられることも多かったので、純粋にリング上の闘いでファンを惹きつけたいという思いもあった。

リング外の話題というのは、新ベルトの創設だった。ＩＷＧＰヘビー級とＩＷＧＰインターコンチネンタルのベルトを統一し、新たにＩＷＧＰ世界ヘビー級王座を創ることが決まっていた。元々は飯伏が言い出したことだったが、俺はその問題に関しては一歩引いて見ていた。というのも、俺はＩＷＧＰヘビーもインターコンチも巻いたことがなかったし、やれ統一を阻止したいとか、やれベルトを解体するとか、いろいろな選手がいろいろなことを言っていても、あまり伝わってこなかった。選手の俺に伝わってこないんだから、ファンもあまり理解し切れていなかったんじゃないかな？

むしろ俺からすると、ベルトの歴史が変わるのはチャンスだと思っていた。「ＩＷＧＰ」という世界最高、最強の象徴の名前は変わらずに入っているのだから、別にそこに対してああだこうだと言う必要もないし、新しい名称のベルトができるのなら、そこを目指して闘っていくだけ。そういう意味でも、優勝すればＩＷＧＰ世界ヘビー級王座への挑戦権が得られる『ＮＥＷ ＪＡＰＡＮ ＣＵＰ』は絶好のチャンスだった。

トーナメント2回戦で後藤洋央紀を下し、準々決勝ではＫＥＮＴＡと対戦した。すでに触れたように、ＫＥＮＴＡとはドラゴンゲート時代の２００８年3月にＧＨＣジュニアヘビー級タッグ王座を懸けて対戦し、go2sleepを食らって脳震とうを起こして病院送りにされた因縁があった。向こうがどう思っていたかはわからないが、俺にとっては13年越しで実現した待望の初シングル。KENTAをきっちりと仕留めて借りを返すと、準決勝ではEVILとの乱戦を乗り越えて決勝戦に進出した。

決勝戦（3月21日、宮城・ゼビオアリーナ仙台）の相手はウィル・オスプレイだった。2019年の『BEST OF THE SUPER Jr.』に続き、再び優勝を懸けて激突することになった。1年前の『G1 CLIMAX』では俺が勝利していたが、そのときは『BEST OF THE SUPER Jr.』の延長線上というか、お互いにヘビー級になり体は大きくなっていたものの、大きなスタイルの変化はなかった。しかし、『NEW JAPAN CUP』決勝で当たったときのオスプレイはより研ぎ澄まされている感じというか、増量に対して動きが適応している印象だった。

アクロバティックな動きは変わらず、さらに荒っぽさも増していた。『NEW JAPAN CUP』決勝では鉄柵の上にバックドロップで叩きつけられて大きなダメージを負った。前日のEVIL戦で腰を痛めていたのもあったが、あの鉄柵へのバックドロップはこれまでのキャリアで五指に入る痛さだった。痛すぎて失神しそうになったし、背骨が折れたと思った。

一瞬だけ素に戻ってしまい、セコンドもいなくてすがるものがなかった。そんなとき解説席にいた飯伏が目に入り、思わず近づいて「助けてくれ」じゃないけど肩に手を置いた。それで少しでも気持ちを落ち着かせることができたし、飯伏が心の支えになってどうにかリングに戻ることができた。

オスプレイの攻めからは覚悟を感じたし、同時に俺も相応の覚悟を持たないと超えることはできないなって思った。極端なことを言えば、相手を壊さなければ俺が壊されるかもしれないっていう、ギリギリの闘いだった。試合の終盤はほとんど気力だけでやり合っているような状態で、最後の方は一方的に押し切られるような形で敗れてしまった。ニュージャパンカップでは1回戦から決勝戦まですべてメインで闘い、団体からの期待も感じていただけに悔しさも大きかった。さらに腰に痛みを抱えていたコンディション面での悔いがあったのも事実であり、このまま黙っていたら自分自身、先に進めないなとも思っていた。

4月4日の両国大会では、オスプレイが飯伏を下してIWGP世界ヘビー級王座を奪取した。俺は仮に飯伏が勝ったときは挑戦者に指名してくれるかもしれないと思い、コスチューム姿のまま花道の奥で試合を観ていた。でも飯伏が負けてしまったのでなにもアクションを起こすことなく控室に戻ろうとしたら、リングの方から「オカダ！」という声が聞こえた。オスプレイが防衛戦の相手にオカダを指名したのだ。

それを聞いた瞬間に、俺は「おいおいおい、ちょっと待て！」と頭に血が上った。オカダを追うように俺もリングに向かい、気がついたらマイクを奪い取っていた。俺は『NEW JAPAN CUP』1回戦でオカダに勝っているし、準優勝者だ。完全に開き直りとも言えたが、俺はオスプレイに挑戦表明した。確かに決勝で負けたばかりの立場で挑戦権を奪うのはリスクもあったが、や

2021年5月4日・福岡国際センターでIWGP世界ヘビー級王座に初挑戦。最後は王者ウィル・オスプレイのストームブレイカーで敗れたが、場外の机上へのMADE IN JAPANを放つなど、魂を削るような熱い闘いができた

はり自分の中で悔いがあったので、どうしても気持ちにケリをつけたかったのだ。

オスプレイとのタイトルマッチは、5月4日の福岡国際センター大会で組まれた。デビューした博多で初めて「IWGP」に挑戦するのは運命的でもあった。『NEW JAPAN CUP』決勝から約1カ月半、相変わらず世の中はコロナ禍でいろいろと気をつけることも多かったが、コンディションを整えて再びオスプレイと対峙した。場外に設置した机へのMADE IN JAPAN、掟破りのオスカッターなど、持てるものを全力でぶつけたが、またしてもオスプレイにハネ返されてしまった。

試合時間は45分に迫っていた。オスプレイとは対戦するたびにどんどんと攻防が一筋縄ではいかなくなった。確かに激しい攻防も多かったが、闘いながら信頼感が芽生えていたところもあったし、互いに軸となるスタイルはありながらも、一つに固執しない柔軟性もあった。国も言葉も世代も違う中であれだけ噛み合う闘いを見せられたのはオスプレイしかいなかったし、自分自身も成長させてもらった。オスプレイの気持ちはわからないが、俺は勝手にライバル扱いをしているし、お互いに現役でいる限りは競い合っていきたいね。

「新日本のトップ中のトップの領域」に入れるかどうかの大一番でIWGP世界ヘビー獲得！

福岡でオスプレイに敗れて、IWGP世界ヘビー級王座には届かなかった。また仕切り直しの闘いがスタートすると思った矢先、まさかの事態が起こった。俺とのタイトルマッチから約2週間後、オスプレイが首の負傷でベルトを返上し、イギリスに帰国してしまった。これによりIWGP世界ヘビー級王座は空位となり、新王者決定戦がおこなわれることになった。

コロナの影響で大会の中止も相次いでいた時期で、新日本も5月29日に予定していた東京ドーム大会が延期になっていた。本来、同大会ではオカダがオスプレイのベルトに挑戦するはずだった。しかし、オスプレイの返上で空位になったことで、オカダは新王者決定戦の事実上の第一コンテンダーとなった。誰がオカダとベルトを懸けて闘うのか。俺は5月22日の名古屋大会で名乗りを上げた。福岡大会でオスプレイに敗れて2週間余り、一度挑戦したことでIWGP世界ヘビー級王座への思いも強くなっていた。本来ならオスプレイを倒してベルトを取りたかったが、今度は俺がチャンピオンとしてオスプレイを迎え撃てばいい。「俺は準備万端だ！」とのアピールが通り、5月29日に正式にオカダとの新王者決定戦が決まった。

決戦の舞台は6月7日の大阪城ホールだった。本来なら前日の6日に予定されていたが、コロナの影響による土・日の有観客イベントの開催見合わせを受けて、平日の月曜日開催にスライドされた。リング内外で緊急事態続きではあったものの、俺は今度こそIWGP世界ヘビー級王座を手にするべく、意識を集中していた。少なくとも2021年に入ってからの勢いは俺の方が上だったし、オカダ自身もコロナ感染からの復帰明けだった。実際に王座決定戦で対戦したときのオカダは、珍しく試合中に息が上がっているように感じた。それがコロナの影響だったのかどうかはわからないし、俺もまた追い込まれた状況で、相手のコンディションに構っている余裕なんてなかった。

3月の『NEW JAPAN CUP』決勝でオスプレイに敗れて、5月のIWGP世界ヘビー級王座戦でも同じ相手に負けた。それなのに自分からアピールして再び王座決定戦に臨んだわけだから、ここで負けたらもう二度と新日本のトップ中のトップの領域には行けないなと思っていた。本当に俺にとっても薄氷での闘いだったし、とにかく目の前の相手を徹底的に叩き潰してやろうっていう気持ちだった。

オカダは何度もレインメーカーを仕掛けてきたし、それだけ彼も必死だったんだろう。でも、俺も短期間で大一番を何度も闘ったことで、プロレスラーとしての経験値は間違いなく上がっていたし、多少は精神的に優位だったかもしれない。ラスト・オブ・ザ・ドラゴンでオカダから3カウントを取ったとき、俺は一瞬、大きく目を見開いて「まさか！」という表情を浮かべた。『NEW JAPAN CUP』1回戦でもラスト・オブ・ザ・ドラゴンで勝利していたし、もしかしたら返されるかもしれないという予感もあった。ましてやIWGP戦でのオカダ・カズチカの強さは何度も見ていた。これを返されたら……というプレッシャーもあった中、再び3カウントが取れたことの驚きが顔に出てしまったのだろう。でも、驚きと同時に一番はホッとした気持ちが大きかった。ギリギリのところで、なんとか新日本のトップ戦線に生き残れたという安堵。ベルトを取ってなお、生き残れたという気持ちだった。もちろん「IWGP」を取れたという感慨深さもあった。IWGP王座の歴史を振り返ったときに絶対的な存在のオカダ・カズチカを倒してベルトを取ったというのも大きかったし、オカダにシングルで2連勝している選手もそんなにいない。しかし、俺の性格的に感動して泣くというタイプではない。だからベルトを取って嬉しかったのは10秒、20秒ぐらいで、すぐに気持ちは切り替わっていた。

俺のモットーとして、いつなんどきでも鷹木信悟らしく生きよう、闘おうと思っている。「IWGP」が業界最高峰のシングルベルトだからこそ、それを活かすも殺すもすべてはチャンピオンしだい。だから、ベルトを取って浮かれて「やったー！」というよりは、むしろこれからが本番であり、勝って兜の緒を締めるという気持ちだった。当時38歳で、年齢的にも後がなかったし、より一

ウィル・オスプレイが王座返上したため、俺とオカダ・カズチカでIWGP世界ヘビー級王座決定戦をおこなうことに。2021年6月7日・大阪城ホールで新日本のエース、オカダをラスト・オブ・ザ・ドラゴンで下し王座初戴冠を遂げた

IWGP世界ヘビー級ベルトを巻いたことで、俺は「新日本のトップ中のトップ」の仲間入りを果たすことができた（2021年6月7日・大阪城ホール、オカダ・カズチカ戦）

層努力して、まい進しなければいけない。「ＩＷＧＰ」と共に天下を獲ったとは微塵も思わなかったし、トップを獲るための準備ができたという感覚だった。ゴールではなく、さらなるテッペンを獲るための準備ができただけで、ベルトを取ってからなにを見せるか、なにを残していくかという考えが頭の中を占めていた。

俺以上に周りの人たちが、ＩＷＧＰのベルトを取ったことを喜んでくれた。試合後からお祝いのメッセージがたくさん届いたし、ＬＩＮＥも２００通以上来た。昭和57年生まれの同年代も含めて他団体の選手も予想以上に喜んでくれたし、ドラゴンゲートの選手たちも、辞めて3年も経っているのに祝福モードで嬉しかった。両親も喜んでいたし、地元の山梨に帰ったときに通っていた高校から招かれて顔を出したら、校歌を歌って出迎えてくれて、お祝いの横断幕も作ってくれていた。地元の市役所では市長と面会して、県知事にもお会いすることができた。

そして、俺のプロレスラーとしての原点である浜口道場を訪ねたときには、アニマル浜口会長が本当に喜んでくれた。浜口会長にＩＷＧＰのベルトを持っていただくことができたのは嬉しかったし、一つの恩返しができたのかなって。ＩＷＧＰを取ったことで、それまで以上に感謝と恩返しの気持ちは強くなったし、周りの方々がいてくれたからいまの自分があるというのを、あらためて感じることができた。周りは最高峰のベルトを持っている選手が団体のトップだと思うだろうし、周囲が喜んでいる姿を見ることで、チャンピオンとして中途半端な試合はできないなと気を引き締めた。

俺が考える「プロレスラーらしさ」とは？
理想の体型＆髪型は長州力

ＩＷＧＰという一つの頂に辿り着くまで、俺は自分なりの信念を持って駆け上がってきた。俺のプロレス観に大きな影響を与えたのは、やはり浜口会長だ。プロレスラーを目指して浜口道場に通っていたとき、浜口会長からは「プロレスラーは強くて、ゴツくて、凄いんだ」という教えを徹底的に叩き込まれた。だからいまでも俺は、プロレスラーは見た目から強そうでなければいけないと思っているし、街中を歩いていても周囲から「さすがプロレスラー」と思われるように心がけている。

たとえば体つきにしても、俺が目指しているのは新日本時代にＵＷＦインターナショナルと対抗戦をしていたときの長州力さんの体型だ。いま見ても、全体的にデカくて、ゴツさのある体型がめちゃくちゃプロレスラーっぽい。もちろん体が絞れてデカいのもいいが、個人的には「とにかくなんかデカいな」と思わせる体型の方が、プロレスラーらしいと思う。

髪型に関しても、俺は後ろ髪を長くしている。20代後半ぐらいだったか、一度髪の毛を短くしたこともあったが、全然しっくりと来なかった。浜口さん、長州さん、天龍源一郎さん、大仁田厚さん……俺が憧れた人たちは後ろ髪が長かった。俺の中でのプロレスラーは、後ろ髪が長い方がしっくりと来る。デカい体に長い後ろ髪でスーツケースを引いて歩いていたら、街中ですれ違う人から「プロレスラーかな？」と言われることがある。そのとき俺は、心の中で満足げにほくそ笑んでい

長州力さんも俺が憧れたプロレスラーの一人だ。デカくてゴツい「プロレスラーらしさ」にあふれた方だ

るのだ。

どうしても世間では「プロレス好き」というと、変わっているなと思われることも多い。演出的な面を指摘されて嫌な思いをしたプロレスファンの人も多いかもしれない。でも、俺は絶対にプロレスをナメられたくない。プロレスが大好きで、プロレスとプロレスラーに憧れて、リスペクトを持っているからこそ、ナメられたくない。プロレスラーとして根本にあるのは、リング上から迫力と痛みを伝えて、「プロレスは凄いな」と思われるような闘いを見せることだ。よく俺は試合後のコメントなどで「凄いヤツは凄い、強いヤツは強い」と口にするが、浜口会長の教えの通りに、強さ、凄さ、ゴツさを追い求めることは、リングに上がる限りは忘れずにやっていくつもりだ。

一方でプロレスには、強さ、凄さ、ゴツさだけではない、さまざまな魅力がある。マイクパフォーマンスや、お笑い的な部分もある。いわゆるエンターテインメント性はお客さんを喜ばせるための大切な要素だ。しかし、いまでこそ俺も柔軟な考えを持っているが、若い頃は迫力、凄さを伝えることばかりに頭がいっていて、ふり幅が足りなかった。

かつてのアントニオ猪木さんではないが、「見たいヤツが見ればいい。見たくないヤツは見なくてもいい」という考えで、若い頃は自分のファンだけ満足していればいいと思っていた。いまの俺の姿しか知らないファンからすれば意外かもしれないが、若手の頃はよくドン・フジイさんから「元気がない」と言われていた。確かに20代の頃はカッコよくクールに決めていたところがあったし、笑わすのも、笑われるのも大嫌いだった。

そんな考えが変わるきっかけがあったとすれば、地元凱旋興行を開催するようになったのが大きかったと思う。地元凱旋となると、自分のことは知っていてもプロレスには興味がないという人も会場に足を運んでくれる。プロレスに興味がない人たちにどうやって楽しんでもらうか?を考えたときに、一般的にネームバリューのある選手に出ていただくこともそうだし、自分自身も自然と場を和ますような動きをしたり、マイクで会場を温めたりして、お客さんとコミュニケーションを取るようになっていた。実際に30代に入ってからマイクパフォーマンスは意識してやるようになったし、会場まで足を運んでくれた方にはできるだけ楽しんで帰ってもらいたいと思うようになった。人間変われば変わるものだし、俺も随分と大人になった(笑)。

こうしてあらためて振り返ると、これまで関わってきたプロレスラーの大先輩方のいろいろなものを受け継いでいるというか、勝手に盗んできたなと思う。浜口さんの気合、根性、そして明るく元気に陽気にやるという前向きな気持ち。浜口さん、長州さん、天龍さんの武骨なところ、大仁田さんのパフォーマンス力。歌手の長渕剛さんもそうだけど、やっぱり俺は熱い気持ちを持った人間に惹かれてきたし、いまの俺を形作る上で多くの方々の影響を受けてきた。

ありがたいことに俺は「名勝負製造機」と呼んでもらうことも多い。最終的に「いい試合」かどうかはお客さんが決めることだと思うけど、もちろん我々もお客さんに「いい試合」だったと思ってもらえるような努力はする。自分自身の熱くなりたいという気持ちと相手の熱がぶつかり合ったときに相乗効果で盛り上がっていき、結果的に「いい試合」が生まれていくのかもしれない。20代、30代の頃と比べたら、いまの方がより一層に「盛り上げた者勝ち」という考えは大きくなってきたと思う。

ドーム当日に飯伏欠場のアクシデントの中、棚橋に万感の勝利

2021年6月に大阪城ホールでIWGP世界ヘビー級のベルトを取った俺は、自ら初防衛戦の相手として飯伏を指名した。飯伏がベルトを持っているときにもタイトルマッチで対戦してみた

かったし、もっと言うなら俺は飯伏を追いかけて新日本に来たと言っても過言ではなかった。新日本に来る前から同世代のトップを走っているのは飯伏かなと思っていたし、本当の意味で俺がプロレス界のトップに位置していることを証明するには、絶好の相手だった。

飯伏とのタイトルマッチは、7月25日の東京ドーム大会に決まった。最高の相手と最高の場所でベルトを懸けて闘える……と思ったのも束の間、またしても不測の事態が起こった。ドーム大会まで約2週間というところで、飯伏が新型コロナワクチン接種による副反応の症状によりシリーズを欠場することになった。

当初はドーム大会までには回復すると思っていたし、むしろ飯伏がタイトルマッチを控えて欠場になった歯がゆさ、悔しさなどを俺にぶつけてくれれば、さらに試合は激しいものになるだろうと期待していた。しかし、ドーム大会が近づいても飯伏の症状は芳しくなく、あらためて精密検査を受けた結果、誤嚥性肺炎が判明。ドーム大会当日の午前中に欠場が発表され、代替として棚橋弘至とのタイトルマッチが緊急決定した。ドーム大会のメインイベントの対戦カードが当日に変更になるのは、前代未聞の出来事だった。

当時、世間は開催中の東京オリンピックの話題で一色だった。そんな中、東京ドーム大会のメインイベントでタイトルマッチができることに、俺のモチベーションはマックスに近いところまで上がっていた。確かに飯伏と闘えなかったのは残念だったが、俺のモットーの一つである「常在戦場」の言葉通り、どんな状況であろうと、誰が相手でも全身全霊の鷹木信悟をぶつけてやろうと腹をくくっていた。

棚橋が挑戦に名乗りを上げたのは、俺にとっても願ったり叶ったりだった。飯伏には悪いが、オカダと争ってベルトを取り、そして初防衛戦の相手が棚橋。ＩＷＧＰの歴史を築いてきた2人とベルトを懸けて連続で闘えるのは、素直においしいなと思った。ましてやこの年1月にＮＥＶＥＲ無差別のベルトを取られた相手であり、俺が最強の証を持っているなら、いずれは棚橋とも対戦しないといけないと思っていた。

俺がドラゴンゲートにいたとき、新日本を復活に導いたのが棚橋だった。ＩＷＧＰヘビー級王者として毎年のように東京ドーム大会のメインイベントを務めていたのを実際に会場で観ていたし、逆境のときこそ強さを発揮してくるイメージもあった。たとえ急転直下のタイトル挑戦でも、棚橋には脅威を感じていた。

やはり棚橋の地力は凄まじかった。場内は声援ＮＧだったが、観客が棚橋を後押ししている雰囲気を肌で感じたし、試合後にマイクで語った「ある意味、本当の勝者はアンタかもな」という言葉は、会場全体を巻き込んでいく棚橋の凄さを感じたからこそ、だった。ＩＷＧＰのベルトを懸けて東京ドームのメインイベントで棚橋弘至に勝利できたという事実は、キャリアを振り返っても大きな出来事の一つとなった。

コロナ蔓延による緊急事態宣言下の東京ドーム大会は収容人数も制限され、正直なところ寂しい観客動員（5389人）だった。特設花道もなく、選手はベンチ（ダグアウト）からの入場。照明

コロナ渦中の2021年7月25日・東京ドームでIWGP世界ヘビー級王座の初防衛戦に臨んだ。挑戦者の飯伏幸太が当日欠場するアクシデントもありながら、代打の棚橋弘至をラスト・オブ・ザ・ドラゴンでマットに沈め、王座を死守

用のやぐらもなければ、特設ビジョンもない。異例づくしの東京ドーム大会ではあったけど、オリンピック開催中にプロレスを選んで会場に足を運んでくれたファンには感謝の思いでいっぱいだった。さまざまのイレギュラーな事態も込みで印象深い東京ドーム大会になったし、いまとなっては新日本の歴史の一つとして振り返ることができる。

東京ドーム大会のメインで勝利したものの、試合後にＥＶＩＬの襲撃を受けて気分よく終わることはできなかった。ＥＶＩＬとのタイトルマッチは9月5日のメットライフドーム（現・ベルーナドーム＝西武ドーム）大会で決まったが、タイトルマッチに向けてまたしても予期せぬ事態が起こった。

8月の巡業中、長野の戸隠神社に行った。夏で暑かったけど、神社がある山中はけっこう涼しくて、ちょっと風邪っぽくなってしまった。体調に問題はなかったものの、8月15日の富士大会の会場入り後に検温をしたら、熱が37度4分あった。念のために急きょ大会を欠場し、帰京後に病院でＰＣＲ検査を受けたらコロナ陽性の診断結果が出た。

真っ先に考えたのは、3週間後に迫っていたタイトルマッチに間に合うかどうか、ということだった。団体最高峰のベルトを持つ者として、タイトルマッチに穴を開けることは許されない。幸いにも体調はそこまで悪くはなく、肺の炎症も早い段階で治まっていた。隔離期間中の食事は知人に頼んで自宅の玄関前まで持ってきてもらい、できる範囲で体も動かしていた。隔離期間が終わったらトレーニングジムに行って、4kg落ちた体重も短期間で戻した。満足のいく練習ができたわけではなかったけど、チャンピオンの責任としてできる限りのことをした上でコンディションを整えた。

タイトルマッチ当日が3週間ぶりの復帰戦となった。まさにぶっつけ本番で臨むことになり、不安がなかったといえばウソになる。しかし、プロレスラーとしてリングに上がった以上は病み上がりもなにも関係ない。プロレスラーの意地とプライド、そして王者の使命を持って、EVILとの闘いに向かった。

EVILは前日にHOUSE OF TORTURE（H.O.T）を結成していた。俺とは因縁浅からぬSHOも含めて、タイトルマッチであろうとお構いなしに介入を展開してきた。だが、メチャクチャな試合になるのは想定内であり、自分のコンディションが万全ではなかったこともあり、事前にロス・インゴベルナブレス・デ・ハポンのメンバーにもヘルプをお願いしていた。実際、傍若無人なH.O.Tに対抗するように、終盤にはBUSHI、SANADA、そして内藤まで駆けつけてくれて、最後は俺がきっちりとEVILを料理した。コロナ罹患を乗り越えて、鷹木信悟の大復活を示すことができた。

同郷の武藤敬司さんと「プロレス大賞」MVPを争い、受賞できたなんて！

IWGP世界ヘビー級王座2度目の防衛戦を終えると、すぐに『G1 CLIMAX』（9〜10月）

を迎えた。ＥＶＩＬ戦で復帰を果たしたとはいえ、シングルの連戦がこなせる体力が戻っているかどうかは未知数だった。それも初戦の相手は石井智宏。珍しく自分の体力が心配になって、試合では受け身になってしまった。相変わらず石井の攻めは強烈で、正直なところシンドい場面もあったが、最終的に勝利を収めたことで本当の意味で復帰できたという実感、充実感があった。

この年のＧ１は俺、内藤、飯伏の昭和57年会の３人が同ブロックに揃った。それぞれとの対戦を楽しみにしていたが、内藤は初戦のザック・セイバーJrとの一戦で左ヒザを負傷してしまい、長期欠場となってしまった。本来であれば思い入れのある神戸で内藤との公式戦が組まれていたが、残念ながら流れてしまった。２年前のＧ１で敗れた借りを返したいところだったが、これればかりは仕方がない。

もう一人の飯伏とは、リーグ戦の中盤で激突した（10月3日、愛知県体育館）。ベルトが懸かった闘いではないものの、ついに実現した2度目のシングル対決。飯伏は9月のメットライフドーム大会で肺炎から復帰したばかりでコンディション面で不安があったものの、その中でも試合後半の打撃は特に強烈だった。負けておいて言うことでもないが、1年前の初シングルよりも内容的には手応えがあり、次にまたシングルで対戦したときには3度目の正直ではないが、もっと凄くなるという予感もあった。それだけにこの年のＧ１優勝決定戦で飯伏が左肩を負傷してしまい、そのまま長期欠場（２０２３年1月に退団）になったのは、内藤との対戦が流れたことも含めてやり切れない思いがあった。

体調不良から復帰した飯伏幸太とは2021年10月3日・愛知県体育館の『G1 CLIMAX』公式戦で対戦。この試合は俺が正調カミゴェで敗れたため、新日本マットでの戦績は1勝1敗。飯伏とは闘いを通じて、もっともっとお互いを高め合えると信じている

史上3人目のIWGP王者としての優勝を目指したG1は、最終公式戦で高橋裕二郎に両者リングアウトで足を引っ張られて、優勝決定戦進出を逃した。11月6日の大阪府立体育会館（エディオンアリーナ大阪）大会ではG1公式戦で敗れたザックを相手にして、IWGP世界ヘビー級王座3度目の防衛戦に臨んだ。ザックとは2009年3月にドイツで初めての一騎打ちを闘い、そのときは相手の土俵に乗ったわけではないけど、俺が胴締めスリーパーホールドで勝利した。

彼にとっては、昔のことはいえサブミッションで負けたことが屈辱的だったんじゃないかな。イギリスの選手は、たとえばPACとかもそうだけど、凄くプライドが高くて、プロ意識が高いイメージがある。ザックも完璧主義というか妥協しない怖さがあるし、一瞬でも気を抜いたらサブミッションで決められてし

まうという恐怖がある。実際にG1公式戦では腕ひしぎ十字固めを決められて、思わずタップをしてしまった。タイトルマッチでも徹底的に右腕を攻められたが、同じ轍を踏むわけにはいかない。どうにかザックを退けて、IWGP世界ヘビー級王者として翌年の1月4日・東京ドーム大会にコマを進めることができた。

年末には嬉しい知らせもあった。12月13日、東京スポーツ新聞社制定の『2021年度プロレス大賞』で最優秀選手賞（MVP）を受賞した。当時、MVP争いのライバルとなっていたのが、58歳でGHCヘビー級王座を奪取していた武藤敬司さん（当時・ノア）だった。まさか同郷の武藤さんとMVPを争うことになるとは思わなかったし、当時の話題性などを考えても武藤さんが受賞する可能性が高いかなと思っていた。だから受賞の知らせを聞いたときは驚きもあったし、しっかりと試合内容とかも評価していただいたのかなと思う。ある意味でIWGPのベルトを取るよりも難しいというか、第三者に評価されなければ受賞できないものだし、長い歴史のある『プロレス大賞』に名を残せたという嬉しさもあった。

ただ、俺のやっていることは昔からなにも変わっていないし、そのやってきたことがたまたま2021年にタイミングよく評価されて受賞できたと思っている。もちろんやってきたことが評価されるのはありがたいけど、IWGP世界ヘビーのベルトを取ったときと同じで、MVPを受賞してなお、気を引き締め直していた。

結果的に2021年の新日本マットをIWGP世界ヘビー級王者として引っ張ることになったけ

ど、たぶん当時は多くの選手が「コロナはすぐに明ける」と思っていたんじゃないかな。タイミングを計るじゃないけど、「いまじゃないいな」と思って、タイトル戦線から一歩引いていたような選手もいたと思う。でも俺は外から新日本に来て、年齢的にも30代後半で、どんな状況であれタイミングを計っている余裕なんてなかった。1年、1年が勝負という意識は常にあったし、たとえお客さんが声援を飛ばせなくても、自分のできることを全力でやって、なにかを伝えようとしてきた。

確かにコロナの影響で集客面では厳しい1年だったと思うけど、その中でドーム大会を含めてメインイベントをたくさん務めたことは経験になったし、いまとなってはいい思い出だったと言い切れる。年間を通してハツラツとした試合を見せ続けたことで、「ハツラツおじさん」というキャラクターが確立された1年でもあったと思う。IWGP世界ヘビー級王座を獲得できたのはもちろん、2021年は本当に濃密で、充実した1年だった。

〝観客〟の立場から4年かけて「1・4東京ドーム」のメインに到達

2022年の幕開けをIWGP世界ヘビー級王者として迎えた。1月4日・東京ドーム大会のメインイベントに立てることは光栄ではあったが、一方でベルトを巡ってスッキリとしない動きもあった。前年5月に負傷によりIWGP世界ヘビー級王座を返上したオスプレイは、復帰後に自作のベルトを持参して「リアルチャンピオン」を名乗っていた。ベルトが2本あるのは観ている側からするとわかりづらかったが、オスプレイからすれば負けずにベルトを失った立場であり、実際に俺もタイトルマッチで負けていた。だから、オスプレイの主張は百歩譲ってまだ許せた。しかし、2021年の『G1 CLIMAX』で優勝したオカダも、「IWGP世界ヘビー級王座挑戦権利証」と称して旧IWGPヘビー級王座の4代目ベルトを持参してきた。

ハッキリ言って、オカダの行為は理解できなかった。俺は旧IWGPヘビー級王座を巻いたことはなかったし、オカダとはベルトに対する思い入れは違ったかもしれない。ただ、一度は封印されたベルトを持ち出したこともそうだし、なにより年間最大のビッグマッチである東京ドーム大会のメインイベントで、王者と挑戦者がそれぞれ目指すものが同じではないと、リング上で競い合う理由が薄れてしまう。なかには「IWGP王者とG1覇者、どっちが強いんだ？」と素直に観てくれる人もいたかもしれないが、自分の中ではしっくりと来ていなかった。

2022年は新日本にとって旗揚げ50周年イヤーということもあり、戦前にオカダから「鷹木さんじゃ50周年を背負えない」と言われた。確かに俺は新日本でデビューしたわけではないし、あくまでも外様で新日本にやって来た立場。だから「背負えない」という言葉に関しては痛いところを突かれたなと思ったが、IWGP世界ヘビー級王者として、オカダの一連の言動に感情的になったのも事実だった。

スッキリとしない部分はありながらも、やはり1月4日・東京ドームのメインイベントでの大ト

2022年1月4日・東京ドームのメインでIWGP世界ヘビー級王者としてオカダ・カズチカの挑戦を受けた。試合に敗れて王座は失ったが、「1・4ドームの大トリ」に王者として入場したことは、紆余曲折のレスラー人生から考えると感慨深いものがあった

リ入場には感慨深いものがあった。新日本に上がりだした２０１８年の１月４日・東京ドーム大会、ドラゴンゲート所属の俺はスタンド席で観戦していた。それから４年後に業界最高峰の大会のメインイベントでＩＷＧＰ王者として最後に入場しているなんて、そうそうできることではない。４年なんて思っているよりもあっという間だし、例えるならオリンピックを会場の客席で見ていた人が４年後のオリンピックでは金メダリストになったようなものだよ。誇らしい気持ちで、東京ドームの長い花道を歩いていた。

試合はオカダに敗れて、王座から陥落した。勝負は時の運とはいえ、本音を言えば翌日の１月５日・東京ドームでのオスプレイとのタイトルマッチまで辿り着きたかった。オカダに勝って、「いまはＩＷＧＰヘビーじゃないんだ、ＩＷＧＰ世界ヘビーなんだ」と見せつけた上でオスプレイ戦に臨み、「こっちが本物のベルトだ」と証明したかった。思い描いていた最高のストーリーを現実にすることができなかったのは、素直に俺の実力不足だった。1月4日・東京ドームのメインイベントがすべてではないけど、プロレスラーである以上、また目指したい舞台だし、そのときは勝利して長い花道をゆっくり歩いて帰りたい。

KOPWを過酷な闘いに染める。オスプレイに価値ある「大勝利」

IWGP世界ヘビー級王座から陥落し、巻き返しを期した春の『NEW JAPAN CUP』では準々決勝で高橋ヒロムとの初シングルが実現した。そもそもヒロムに関しては、彼がメキシコでカマイタチとして活躍していたときに、テレビ朝日『ワールドプロレスリング』でたまたまドラゴン・リーとの試合（2016年1月24日、後楽園）を見たことがあった。本当に素晴らしい試合で、これはとんでもない若者が現れたなと思ったね。そのときはまさか将来、同じユニットになって、ましてやシングルで闘うことになるとは思いもしなかった。実際に1対1で肌を合わせたヒロムはやはり凄い選手だったし、懐の深さを感じた。首の骨折という重傷を負った経験がありながらも、ヘビー級のガッチリとした技からも決して逃げない。ヒロムの心意気に応えるように、俺もこん身のパンピングボンバーを叩き込んだら、試合後に本人は「あんなキツいラリアット食らったことがない」って言ってたね。本当に闘っていて気持ちのいい相手だったし、人間的な部分も含めて高橋ヒロムという選手は凄く好きなタイプだ。

『NEW JAPAN CUP』も準決勝敗退に終わりなかなか浮上のきっかけをつかめずにいた中、4月9日の両国大会でKOPWを獲得したタイチから挑戦者に指名された。タイチなりにKOPWの価値を上げようと、前IWGP世界ヘビー級王者を挑戦者に指名したようだが、俺はやるとなればしんどいことしかやるつもりはなかった。KOPWは選手がルールを提案するという形で、ときにはコミカルに映るような試合形式もあった。別にそれを否定するつもりはないし、プロとしてさまざまな闘いに対応できるふり幅の広さは必要だ。ただ、タイトルを懸けてやる以上は鷹木信悟のスタイルでやりたいと思ったから、タイチに対して「しんどいルールを飲み込めるのか?」と挑発をおこなった。

4月25日・広島でのKOPW戦を控えて、俺は「鷹木式時間無制限3本勝負」を提案した。1本目はカウント1、2本目はカウント2、そして3本目は3カウントを取るというもので、スリリングなルールは闘っている選手にとっては精神的なシンドさがある。一方のタイチは「30カウントピンフォールマッチ」を提案し、合計30カウントを奪った選手が勝利するというものだった。

ファン投票の結果、タイチ提案のルールが採用され、俺が相手の土俵に乗る形になった。普段とはまったく異なるルールでの闘いはやはりシンドいものだったが、最終的には30対29という薄氷の勝利を収めた。正直、KOPWは新日本に数多くあるタイトルの中でも軽視されているような印象

2022年4月25日・広島サンプラザホールでタイチを破りKOPW王座奪取。新日本マットで独特の立ち位置にあったこの王座を、俺なりに光らせてみようと思った

があった。だが、タイトルはなにを持つかではなく、誰が持つかで価値が変わると思っている。俺がKOPWを持った以上は、とことん価値を上げてやろうと決意した。

6月12日の大阪城ホール大会ではタイチと再びKOPWを懸けて対戦し、「鷹木式10分無制限ピンフォールマッチ」で激突した。10分間でより多くのピンフォールを奪った選手が勝利するというルールで、短期決戦のシンドさと難しさがあった。ギリギリのところでタイチを退けると、KOPW保持者として『G1 CLIMAX』にエントリー。リーグ戦の中盤では因縁のウィル・オスプレイと対戦した（8月6日、大阪府立体育会館＝エディオンアリーナ大阪）。

公式戦の一つではあったが、俺は密かにオスプレイとの一戦を背水の陣と捉えていた。シングル戦線に生き残れるかどうかという大事な一戦であり、東京ドームでの試合と変わらないぐらいの、

ＩＷＧＰの防衛戦に臨むような気持ちでオスプレイと対峙した。結果、あまりにも激しいタフな闘いを制することができたが、俺にとってはこのときの１勝はただの勝利ではなく、大勝利だった。ＩＷＧＰ世界ヘビー級王座獲得、プロレス大賞ではＭＶＰ獲得と大きな存在感を残した２０２１年を経て、２０２２年はダメだったねと思われては意味がない。オスプレイを下したことは「さすが鷹木信悟だな」と思わせるような価値のある大勝利であり、自分のその後のポジションを占う上でも、プロレスラー人生のターニングポイントになる試合だった。

2022年8月6日・大阪府立体育会館の『G1 CLIMAX』公式戦でウィル・オスプレイと激突し、ラスト・オブ・ザ・ドラゴンで3カウント奪取。好敵手から2年ぶりの価値ある勝利をもぎとった

Ｇ１後の下半期も、ＫＯＰＷの闘いが中心となった。エル・ファンタズモとの２度にわたる闘いを制し、年末には再度、タイチとタイトルを懸けて対戦した（12月19日、国立代々木競技場・第二体育館）。ルールは「鷹木式ラストマンスタンディング・ランバージャックデスマッチ」。３カウントフォールを奪っ

たのち、さらにダウンカウント10を奪わなければならないという、完全決着ルール。2022年のKOPWの闘いを締めくくる過酷な闘いとなり、ギリギリのところで勝利を収めることができた。試合後にリング上で、かつての天龍さんの言葉を拝借して「今日の勝利は東京ドームより重い」と口にしたが、それだけの充実感のある闘いだったのは間違いなかった。

タイチに引き入れられる形で参入したKOPW戦線だったが、2022年を振り返ったとき、素直に有意義な1年だと思えた。年齢的に40代に入ったものの、KOPWの闘いを通してまだまだできるぞっていうのを十分に見せつけられたと思うし、あらためて成長させてもらえた。世代的にも近いタイチとは、ジャンボ鶴田さんと天龍さんの鶴龍対決であったり、四天王プロレスだったり、同じものから影響を受けてきたと思う。プロレス観的にも近いものを感じていたし、性格的には合わなかったかもしれないけど、試合に関しては対戦のたびにスイングしたものが見せられたやりがいのある相手だった。

CIMAさん、ハルク、YAMATOとの再会マッチでくすぐったい気分に

2022年は再会の年でもあった。5月18日にGLEATのリング（後楽園ホール）でCIMAさんとタッグを組んだ（CIMA25周年記念プレミアムマッチ）。正直なことを言えば、ドラゴンゲー

CIMAさんの熱烈ラブコールに応えて、GLEATに参戦（2022年5月18日・後楽園ホール）。CIMAさんと15年ぶりにタッグを結成した。偉大な先輩との再会で、いい刺激をもらった

トよりも先にＧＬＥＡＴのリングに上がるとは思わなかった。25周年を迎えたＣＩＭＡさんからオファーをいただいたときに、俺は会社に「今回の試合はＧＬＥＡＴさんが組んだものなのか、それともＣＩＭＡさんがやりたいのかどちらですか？」と尋ねた。するとＣＩＭＡさんから「鷹木選手とタッグを組みたい」という言葉が返ってきたので、「それならやります」と答えた。

　ＣＩＭＡさんはデビュー戦のときのパートナーであり、間違いなく大きな影響を受けてきた存在だった。俺は若い頃から「義理、人情、恩返し」というのを大事にしてきたけど、キャリアを重ねた中で古くから見ているファンの中にはＣＩＭＡ＆鷹木組を見たいという人もいたかもしれない。ＣＩＭＡさんへの恩返しであり、ファンへの恩返しの気持ちも込

ドラゴンゲートからの要請にも応えて、2022年12月25日・福岡国際センターに参戦。B×Bハルクと組んで、YAMATOとタッグ対決。4年2カ月ぶりの古巣参戦ながら、いざ試合が始まればかつてのライバルたちとの闘いに没入できた

めて、久々にタッグを組ませていただいた。CIMAさんと組むのは若手の頃以来、15年ぶりぐらいだったけど、違和感もなく15年以上前にやっていた2人の連係攻撃も決められた。CIMAさんからは「いつも通りにやってくれればいいから」と言っていただいて、凄く気を遣ってくれた感じだった。バックステージでも最初は一人でコメントを出そうと思ったら、「いっしょにしゃべろう」となって、2人で並んで生々しいリアルな関係性で話したのがちょっと恥ずかしかったかな。

2022年末には、約4年ぶりにドラゴンゲートにも出場した。ドラゴンゲートには退団したあとも連絡を取っている選手はいたし、たまに後楽園大会にも顔を出していた。いつかタイミングが合えば出たいなと思っていたとき、新日本の神戸大会の試合後にとあるお

店で斎藤了GMと偶然にもお会いした。そのときに「ウチにも出てよ」「ぜひぜひ」という会話があって、社交辞令ではなくすぐにやり取りをした。スケジュールを確認し、新日本にも話を通して、12月25日・福岡国際センター大会への参戦が決まった。

対戦カードは同期のハルクとのタッグで、YAMATO&菊田円との対戦。当日はギリギリに会場入りして、ウォーミングアップをして、すぐに試合という感じだった。新日本とはリングの大きさが違うのでちょっと動きづらいところもあったけど、たった4年とはいえマットの感触とかは懐かしかったね。初めて対戦した菊田は体もしっかり作っていて可能性を秘めている選手だなと思ったし、ハルク、YAMATOとは試合が始まれば自然とカチッとハマっていくような感覚があった。やっぱり自分が生まれ育った団体だし、会場の雰囲気も含めて自然体でいられる空気感があった。

俺も40代でベテランの域に入って、年の瀬の里帰りじゃないけど、むかしから見ているファンの人にも「まだまだ元気だぞ」っていうのを見せられてよかった。

6章

我《が》道《どう》驀《ばく》進《しん》！自分の道を突き進む！

まだまだ食い足りないプロレス人生

ドーム出場ボイコット寸前! 激しい憤りを登山で浄化

2023年、俺は「ゼロ」からのスタートを切った。

2022年末にタイチとの激闘を制して、KOPWを年内いっぱい保持し続けた。しかし、同タイトルは年が明けるとリセットされるシステムで、俺は2022年の最終保持者ではあったものの、2023年になると無冠の状態になっていた。せっかくあらゆるルールでシンドい闘いをしながらタイトルを守って、中規模クラスの会場ではメインイベントも張ってきた。それなのに年明けと同時にリセットされたことには納得がいかなかったし、結局なにも残せてないのかと思うと団体に対してフザけんなという気持ちも抱いた。

年明け1月4日・東京ドーム大会の本戦カードの中に、KOPWのタイトルマッチは含まれていなかった。第0試合で「KOPW2023進出権争奪ニュージャパンランボー」が組まれており、本戦に名前のなかった俺もそこにエントリーされるのが濃厚だった。ただ、KOPWの扱い、団体への憤りなどもあり、俺はドーム大会出場をボイコットするぐらいの気構えだった。

しかし、2023年の元旦に山登りをして、頂上から富士山を眺めたときに、気持ちがスーッと冷静になった。もう一度、テッペンを目指すために、いま俺ができることはなんなのか? それは東京ドーム大会をボイコットすることではない。ふてくされて大会に出場しないなんていうカッコ悪いことをしたって、なんにもならない。気持ちを切り替えて、「2023年もやってやるぞ!」

という強い意気込みを持って、ドーム大会に臨んだ。

2022年1月4日・東京ドーム大会のメインでIWGP世界ヘビー級王座戦を闘っていた選手が、1年後の1月4日・東京ドームでは第0試合に出場。新日本マットの選手層の厚さ、競争の激しさを物語っているようだが、むしろ仕切り直しとしてはこれほどわかりやすいこともない。第0試合の「KOPW2023進出権争奪ニュージャパンランボー」に臨んだ俺は、翌日の大田区大会での「KOPW2023決定戦」へのキップを手にした。テッペンを目指すためには、たとえ小さいチャンスでも大きなチャンスに変えてみせる。チャンスはつかむものではなく奪うものという気持ちで、俺は早速、行動に出た。

1月4日のメインでIWGP世界ヘビー級王座を奪取したオカダ・カズチカの目の前に、俺は立った。第0試合に出ていたヤツがベルトを取ったわけでもないのに、メイン後のリング上に挑戦表明に行くなんて前代未聞だったろう。もしかしたら一部の観客からはブーイングも飛んでいたかもしれないが、そんな批判的な声なんて気にしても仕方ない。開き直りではないが、自分の中で振り切って、バカになってやるしかないと思っていた。

1月5日の大田区大会で、それまでのトロフィーではなく新たにベルト化したKOPWを獲得した俺は、再びメイン後にオカダの眼前に立ち、ベルトを突きつけた。KOPW保持者がIWGP世界ヘビー級王者と対峙するなんて、以前までは考えられなかったことだ。元IWGP世界ヘビー級王者として、KOPWを保持し続けていた俺だからこそできることだと思ったし、KOPWのそもその提唱者であるオカダをその闘いに引きずり込んで、争奪戦をやりたかった。

結果的にオカダとのKOPW争奪戦が実現しなかったのは残念だったが、IWGP世界ヘビー級王座奪還のチャンスを手にした。タイトルマッチの舞台は2月11日の大阪府立体育会館（エディオンアリーナ大阪）大会。コロナ禍も落ち着きを見せて会場での声援が解禁され、チケットも完売という盛り上がりの中で迎えたオカダとの5度目のシングル対決は、すべてを出し尽くした闘いになった。試合の終盤に食らったカウンターのラリアットが強烈でダメージも大きかったが、同時にオカダの必死さを感じて深く印象に残っている。

新日本初登場の2018年10月の両国大会でオカダと対戦した際には、まったく俺のことなんか眼中にもない感じだった。それから4年半近くが経ってオカダに本気を出させたのだとしたら、結果的にベルトを取り返すことはできなかったものの、自分の中で納得できる負けでもあった。1年前の東京ドームでオカダにベルトを奪われて、負けたままでは引き下がれないという思いもあった中で挑戦し、出し尽くして負けた。でも、負けてダメだったではなく、もっと強くなってやろうと思わせてくれたから、いまでも2023年2月の大阪での敗北は意味のある負けだったと思っている。オカダとのシングルでは5度目にして一番しっくりと来た闘いだったし、オカダがAEWに移籍したため団体は別々になってしまったものの、またやり返せる機会があるならやり返したいという気持ちは常に持っている。

長渕剛さんから技名の公認を受ける!?

IWGP世界ヘビーの奪還はならなかったが、KOPWを懸けた闘いは2023年も続いた。1月にはグレート-O-カーンと異種格闘技マッチで対戦し、道着を着用して臨んだ。最終的に道着は脱ぎ捨ててしまったものの、柔道仕込みの相手の道着を使っての片羽締めで勝利した。そして4月2日（後楽園ホール）にはHENARE（当時はアーロン・ヘナーレ）と、アルティメット・トライアドマッチで激突した。場外カウント&反則裁定なしで、3カウントフォール、ギブアップ、10カウントダウン（ノックアウト）の3つすべてを奪えば勝利という過酷なルールだった。

HENAREという男からは、魂で共鳴できる部分を感じる。彼はよくMANA（マナ）という言葉を使うけど、どうやら神秘的な力の源という意味があるらしい。いわば言葉では表現し切れない、湧き出るようなエネルギーを指しているのだろう。自分の祖国（ニュージーランド）、マオリ族の誇りというのを大事にしている一方、日本と日本人の大和魂、それに新日本プロレスのスタイルに対してのリスペクトも凄く感じる。だからHENAREと闘っていると魂と魂で熱くなれる瞬間があって、試合も自然と熱気を伴っていく。

KOPWを懸けたトライアドマッチは40分に迫る闘いになり、どうにか最後はKO勝ちを収めた。ただ、試合後はリング上でマイクを手にすることもできないほどのダメージがあり、それほどHENAREは強烈過ぎた。でも、強いヤツと闘ったことで俺もまた強くなることができたし、そうい

2023年4月2日・後楽園ホールのKOPW戦でHENAREと対決。この試合でギブアップを奪ったグラウンド・コブラツイストの技名には、尊敬する長渕剛さんの楽曲名「HOLD YOUR LAST CHANCE」を付けた

う意味ではHENAREには感謝している。

このときのHENAREとの試合は、俺の20周年を記念した動画配信番組の中でファンが選んだベストバウトの第3位に入っていた。自分自身、過酷さという点では強く記憶に残っているし、ファンにとってもそれだけ印象深い試合になったのは、結果的にKOPWの価値を上げることにつながったんじゃないかな。

ちなみに余談だが、トライアドマッチでHENAREからギブアップを奪ったグラウンド・コブラツイストに関しては、後日に長渕剛さんにお会いした際に、長渕さんの楽曲の『HOLD YOUR LAST CHANCE』を技名で使用していると伝えたことがある。長渕さんは笑っていたが、NOとは言われなかったので勝手に公認と解釈して（笑）、今度グラウンド・コブラツイストで勝つことがあったときには、技名として使わせてもらおうと思っている。俺の技で言うと、２００７年頃から使っている『ＳＴＡＹ ＤＲＥＡＭ』（雪崩式リストクラッチ・デスバレードライバー）も含めて、２つめの長渕さんの楽曲からの技名となる。

ＨＥＮＡＲＥとの激闘を乗り越えたあとには、すぐにタイチとのＫＯＰＷ争奪戦が組まれた。ルールは俺が提案した「鷹木式トライアドマッチ」。ピンフォール、ギブアップ、ＫＯ、ＴＫＯ、リングアウトの5つの決着方法から先に３つ奪った方が勝者になるという、またしても限界に挑戦するような形式だった。そもそも俺をＫＯＰＷの闘いに引き込んだのはタイチであり、その上で俺は「やる限りはシンドい試合をやろう」ということで、過酷なルールでの試合を繰り返してきた。それは相手に対しての投げかけでもあったが、同時に自分自身にとっても挑戦だった。結果的に「鷹木式トライアドマッチ」は43分40秒というタフな一戦となり、タイチに敗れてしまった。ただ、40歳を超えてもまだまだ40分超える試合ができたというのは自信になったし、ＫＯＰＷの闘いを通して自分を高めることができて、やりがいもあった。本当は「60分アイアンマッチ」とか、まだチャレンジしてみたいルールもあったけど、ＫＯＰＷを保持していた1年間、俺なりの色づけはできたと思う。なによりも団体内にもファンに向けても、元気ハツラツさは十分に伝わったと思う。

アメリカマットよりも新日本の方がやりがいがある

この年の『Ｇ１ ＣＬＩＭＡＸ』では、一つの印象深い勝利があった。初戦から2連敗で迎えた

3戦目の石井智宏戦。それまでも石井から勝利したことはあったものの、初めてパンピングボンバーで3カウントを奪うことができたのだ。俺のフィニッシュ技と言えばラスト・オブ・ザ・ドラゴンが代表格だが、ラリアットにもこだわりがある。自慢の右腕で文字通りに石井をねじ伏せたという感覚が、また一つ自信を与えてくれた。

G1ではほかにエディ・キングストン、HENAREと激烈な闘いを展開する相手が多かったが、その中でちょっとタイプが違ったのがデビッド・フィンレーだ。2022年のG1公式戦では敗れていたが、その後にフィンレーはBULLET CLUB入りを果たして、リーダーとして大きな変貌を遂げた。フィンレーは吸収力が凄い選手だなと思う。偉そうに言うわけではないが対戦のたびに成長を感じるし、あまりプロレスで「うまい」という表現は使いたくないが、彼のプロレスからはうまさを感じる。うまさ=強さを見せることができる選手で、頭もスマート。マインドも落ち着いて試合中も焦らないし、立場が人を変えるというのを強く実感させる選手だ。

フィンレーと同じく新日本の道場育ちの外国人選手で、タマ・トンガもいた。タマとは同じ年齢で、闘っていてもリスペクトというか、どこか一目置いてくれている部分が感じられたし、それは俺も同じだった。しかし、自分の方が長く新日本でやっていながらも、後から来た俺がいろいろと結果を残していた中で、彼のもどかしさというか、「負けてたまるか!」という気持ちは間違いなくあったと思う。実際にG1では20分引き分けになって彼の意地を感じたし、その後にNEVER無差別級王座を懸けて対戦することにもなった。タマも新天地を求めて新日本から去って行ったけ

2023年7月23日・長野・ビッグハットの石井智宏戦（『G1 CLIMAX』公式戦）も、俺にとっては価値ある勝利となった。初めてパンピングボンバーで（力技で）石井をねじ伏せることができたからだ

ど、闘っていて気持ちのいい相手だった。

オカダ、タマ、そしてウィル・オスプレイと2024年に入って主力選手が新日本を退団した。会社の人たちは焦ったかもしれないけど、俺は会社側の人間ではないから、主力が何人抜けてもそこまでヤバいというのはなかった。俺自身のやることは変わらないし、個人的にもまだまだやることがあるなと思っているからね。逆にファンが「新日本、どうなるんだ？」って心配しているならチャンスだと思っていた。よくも悪くも注目されている状況なんだから、そこでどう活躍するか。それは若い選手に限らず、残った選手全員に当てはまることだと思う。

確かにオカダとかオスプレイとか競い合ってきた選手たちがいなくなったのは寂しいけど、プロレスを辞めたわけじゃないからね。プロレス界はなにが起こるかわからないし、絶対にも

ロス・インゴベルナブレス・デ・ハポンはプロレスラーとしても人間としても頼もしい男たちの集まりだ（写真は2024年9月11日・仙台サンプラザホール。内藤哲也、高橋ヒロム、BUSHI、辻陽太、俺とロス・インゴが揃い踏みした10人タッグマッチ）

う二度と闘うことがないとは思っていないよ。

俺もドラゴンゲートを辞めているし、団体を辞めていく選手の気持ちも理解はできる。会社がどうこうじゃなく、自分自身がこのまま終わりたくないという気持ちが出てくるのもよくわかる。だから辞めていく選手に対して批判的なものはなにもない。

俺自身、アメリカマットへの興味がないことはない。ドラゴンゲートの同期の戸澤がＷＷＥで長く活動しているし、ほかにもこれまで闘ってきた多くの選手がアメリカの団体で活躍している。彼らの姿から刺激を受ける部分はあるけど、やっぱり俺は日本が好きだからね。日本という国が好きだし、日本のプロレスも好きだから、日本を離れてまで……というのは考えづらいかな。アメリカのいわゆるテレビマッチも自分のファイトスタイルが出し切れない感じがしてあまり好きじゃないし、試合に関しても新日本の方がやりがいがある。

団体から抜けていく選手がいれば、新たに出て来る選手もいる。新日本もどんどん新世代と呼ばれる選手たちが台頭してきた。たとえば辻陽太は2023年5月に凱旋して、6月からロス・インゴベルナブレス・デ・ハポン（以下、L・I・J）の一員として共に活動するようになった。陽太の海外修行時代の試合は観たことがなかったんだけど、凱旋一発目のSANADAとのIWGP世界ヘビー級王座戦をモニターで観たときに、素直に「すげぇ後輩が入ってきたな」と思った。負けはしたけど内容でインパクトは残していたし、俺もウカウカしていられないなって。内藤ともほかの新世代と比較しても「陽太が頭一つ抜けているよね」という話をしたことがあるし、本当に同じユニットの中で刺激を与えてくれる存在になっている。

陽太のいいところを挙げるとするなら、マイペースでどんな大事な試合前でも緊張を感じさせずに堂々としているところかな。リング外で接していても、年齢は10歳以上離れているんだけど、たまに友だちみたいな感覚になるときもある。L・I・Jの中では一番コミュニケーションを取っているメンバーだし、巡業中は食事に行く機会も多い。先輩、後輩というより一人の人間同士でしゃべっている感じでラクなんだよね。リング内外で頼もしい後輩だよ。

外国人の若い選手では、ゲイブ・キッドからは感じるものが多い。プロレスに対して本気なんだなっていうのが凄く伝わってくるし、言葉にしても技にしても、すべてに気持ちが入っている。全部が全部、正しいかどうかはわからないけど、一つひとつに魂を込めて、ある意味でバカになって一生懸命にやっている。そういう姿勢がお客さんにも伝わって、声援が増えていったんじゃないかな。ゲイブと闘うのはガンガンと来るから肉体的な負担も大きいけど、もし向こうも俺と闘うことにやりがいを覚えているなら嬉しいし、それならこっちももっと強くなって、凄い鷹木信悟でいないとなっていう気持ちになる。

若い世代を相手にする機会が増えてきたのは、それだけ俺がベテランになってきた証拠だと思うし、まだまだ高い壁でいないと彼らのためにもならないと思っている。自分自身、若い選手と対峙するときはあらためて気持ちを引き締め直すし、なによりプロレスは経験が大きな武器になる。俺と対戦することで「こういうところが凄いな」「こういうやり方があるのか」とか、若い選手はいろいろと発見もあると思うし、闘う中で自然と気づくこともあるんじゃないかな。俺もなにかを気づかせられるように経験と進化を重ねていかないといけないし、若い奴らはトゲトゲしているから闘っていると自分自身も若返っていくようで楽しいよ。

デビュー20周年を迎え、地元・山梨LOVEを痛感

2024年はデビュー20周年イヤーだった。6月にAEWマットでブライアン・ダニエルソンと14年ぶりのシングルができたのは嬉しかったし、夏のG1では内藤と5年ぶり2度目のシングル対決（7月20日、大阪府立体育会館＝エディオンアリーナ大阪）が実現して、5年越しに借りを返すことができた。SANADAとの初シングル（8月6日、後楽園）も実現して、負けはしたけど気

持ちのいい試合ができた。

そして9月7日には地元のアイメッセ山梨で20周年記念興行を開催した。記念試合ではドラゴンゲートからYAMATOに出てもらった。あとで映像を見返しても鷹木とYAMATOが新日本のリングで並んでいることに違和感がなかったし、試合を観てもYAMATOに出てもらったのは正解だなと思った。やはりYAMATOの存在感は抜群だった。

あらためて、ドラゴンゲート時代に同世代として闘ってきた選手たちには本当に恵まれていたと思う。YAMATOはファイトスタイルこそシンプルだが、感情表現と技の食らいっぷりがピカイチで、女性ファンの多さなんて俺とは雲泥の差だった。闘っていても恨みっこなしでいつもバチバチだったな。

同期のB×Bハルクもビジュアルの良さと運動神経の良さは、俺は足元にも及

2024年7月20日・大阪府立体育会館の『G1 CLIMAX』公式戦で、内藤哲也と5年ぶり2度目のシングル対決。ラスト・オブ・ザ・ドラゴンで内藤から待望の初勝利を奪うことに成功した。内藤との競い合いはこれからも続く

2024年9月7日・アイメッセ山梨で「デビュー20周年記念大会」を盛大に開催。ドラゴンゲートのYAMATO、BUSHIと組んで内藤哲也&辻陽太&高橋ヒロムと対戦した。これからも地元・山梨の発展のために尽力していきたい

ばなかった。誰と試合するよりも自分らしさを出せた相手がハルクだったし、間違いなくライバルだったよ。同じく同期の戸澤とは気が合って、よくいっしょにジムや食事に行ったりしていたな。体は小さかったけど、いまの活躍を見ても納得できるくらいに当時から才能があった。これだけのいいライバルに恵まれたおかげで成長ができたし、新日本でもしっかりと結果を残すことができたと思っている。

とにかく20周年を迎えられたことには、感謝の一語だ。丈夫に産んでくれて育ててくれた両親にも感謝だし、20年間いっしょに突っ走ってくれた自分自身の肉体にも感謝している。あとは関わってきた人たちのおかげであり、自分の意思だけではなく、周りで応援してくれた人たちがいたから

モチベーションを高く保ちながら20年間続けることができた。これからも濃い1年を積み重ねながら、1年、1年を大事に過ごしていきたい。

故郷である山梨への思いも年齢とともに変化していった。

高校卒業後に山梨から出たけど、若い頃はそんなに生まれ故郷へのありがたみというのはなかった。でも、歳を重ねると生まれ育った場所への思い、望郷の念が強くなっていった。雄大な富士山を見ていても感じるものが多くなったし、本当に地元が落ち着く場所になった。「やまなし大使」「中央市ふるさと大使」も務めさせていただいているが、山梨県を盛り上げていきたいという思いも、ますます強くなっている。

２０２４年１月から、山梨のＹＢＳラジオで『鷹木信悟のハツラジ』というラジオ番組をスタートさせた。これももっと地域に密着した活動をしたいという中でみずから企画したもので、自分で地元の広告代理店に話を持ち込んで交渉した。協賛企業が何社かあれば実現可能とのことだったので、自分で協賛企業を集めて毎週のラジオ番組を実現させた。こういう形で一つの番組をスタートさせた選手は、新日本の中にもいないと思う。

もちろん凱旋興行も継続して開催したいし、ふるさと大使の活動として地元の子どもたちといっしょに体を動かすようなイベントも開催してみたい。普段から「いましかできないことを胸いっぱいやりたい」と口にしているように、地元での活動も元気なうちにいろいろとやりたいと思っている。

神社仏閣巡りの原点と自称「つまらない男」の結婚願望

せっかくの機会なので、プライベートの話も少ししてみたい。

俺の趣味の一つに神社仏閣巡りがある。本格的に神社仏閣を巡るようになったのは30代に入ってからで、大きなきっかけは2014年にデビュー10周年を迎えときだった。10年間、大きなケガなくプロレスラーができていることは奇跡だなと思い、自然と感謝の気持ちが沸き上がってきた。歳を重ねるごとに日々いろいろなものに感謝をする気持ちは大きくなり、神社に行くのもお願い事をしに行くというよりも、感謝を伝えに行っているという意味合いが大きい。あとは凛とした空間に足を踏み入れると気持ちが引き締まるし、自分自身が浄化されていくような気分になる。

いまでは死語になっているのかもしれないが、たとえば男は男らしく、女は女らしく、日本人は日本人らしくという、「らしさ」にこだわるところがある。むかしからよく、考え方がひと世代古いとも言われてきた。

たとえば子どもの頃にこんなことがあった。鷹木家の父方と母方のおじいさんはともに戦争に行っていたので、よくおじいさんたちは戦争の話をしていた。普通であれば子どもにとっては退屈な話のはずだが、俺はおじいさんの戦争の話を熱心に最後まで聞いていたという。愛国少年ではないが、おじいさんの戦争の話を聞いて「ボクが大きくなったらアメリカにやり返さないとね」とか言っていたようだ(笑)。祖父も近衛《このえ》師団《しだん》という、天皇陛下をお守りする部隊にいたときがあったようで、潜在的に神社仏閣に足が向くようなものが刷り込まれていたのかもしれない。

ほかに俺の趣味と言えば、日々のトレーニングがある。すでに触れたように、新日本に来てからはそれまで以上にプロレスに集中できる環境となった。いいトレーニングをするためにはコンディションを整える必要がある。そうするとおのずと体のメンテナンスもするようになり、別にムリをしているわけではなく、自然なルーティンとして確立されている。ウエイト・トレーニング以外にもファンクショナルトレーニングなど、体の動かし方、使い方を意識したトレーニングも大事にしている。まだまだプロレスラーとして強くなりたい、凄くなりたいという思いがあるから厳しいトレーニングで追い込むことができるし、体のケアにも時間を割こうと思えるのだ。

食事に関しては、浜口道場時代にボディビルの大会に出たこともあったので、元々ある程度の知識は持っている。そもそもあまりグルメではないので、毎日同じ食事でもＯＫのタイプだし、プロレスラーらしくたくさんの量を食べることもある。ただ、お酒はあまり得意ではなくて、新日本に来てからは人付き合いも減った。むかしは異業種交流会、パーティーなどに顔を出して名刺交換をするなど人脈作りをすることもあったが、いまは友だち、知り合いと食事に行く機会も減ってしまった。キャリアを重ねるとダメージで寝つきが悪いときもあるので、なるべく自宅にいて、体を休めたいと思ってしまうのだ。われながらプロレスを第一優先にした、つまらない男だと思う（笑）。

こんなつまらない男だが、結婚願望は一応ある。若いときは恋愛をすると弱くなるというか、恋愛をして一喜一憂するのが時間と体力のムダと考えて、拒絶していた時期があった。そんなスタイルを通していたら、気づいたら40歳を超えていた。みんな知っていると思うが、俺はだいぶ変わっている。人との間に壁を2、3枚作ってしまうタイプだ。あまり相手に深入りはしないし、相手から深入りもされたくない。だから信頼関係を築くのに時間がかかってしまうのだ。こんなことを言っていたら一生、結婚できないかもしれないが、子孫を残したいという思いもある。そんなにじっくりと考えていられる年齢でもないが、なかなか悩ましい問題だ。

一度きりの人生、「我道驀進」あるのみ！

俺を形容するときに「ハツラツおじさん」という表現があるが、この言葉を最初に言い出したのは飯伏幸太だと思う。コロナ禍のテレビ解説のときに飯伏がポロッと言ったことが広まり、いまでは代名詞のようになった。決して自分から言い出したことではないというのは、強く言っておきたい（笑）。でも、実際に試合中によく声を出すようになったのは新日本に来てからだし、特にコロナ禍ではお客さんが声を出せず、選手もなかなかテンションが上げづらい状況が続き、なんとか盛り上げたい、楽しませたいという気持ちから積極的に声を出すようになった。気がつけば新日本の会場で誰よりも鷹木信悟が声を出して、お客さんとのやり取りも増えていった。会場の一体感を作るには独りよがりではいけないし、お客さんとの関係性という部分では、新日本に来てからさらに考え方は変わっているかもしれない。

「ハツラツおじさん」ともう一つ、俺の代名詞、キャッチフレーズになっているのが「我道驀進（がどうばくしん）」だ。代名詞というよりは、俺の生き方をそのまま表した言葉と言っていい「我道驀進」を使うようになったのは、2008年のことだった。

俺は海外遠征中、日の丸（日本国旗）を腰に巻いて入場していた。日本に帰るにあたり、長渕剛さんへの憧れもあり革ジャンを着て入場しようと思い、ジャンパーの背中部分に日の丸と四字熟語をあしらおうと考えた。人間の信念、生き方などを表現する際に四字熟語を使うことは多いし、俺も元々、四字熟語が好きだった。いろいろと自分らしい四字熟語を探し、「勇猛邁進（ゆうもうまいしん）」などもあったが、いまいちシックリと来なかった。

ぼんやりと自分の頭の中で「我」という言葉だけが浮かんでいたが、当てはまるような四字熟語がない。どうしたものか……と思案していたある日、祖父のお墓参りに行った。お墓に手を合わせて帰路につこうとしたとき、いまでも覚えているが「自分の道を突き進む」という言葉がパッと閃いた。自分の道＝「我道」を突き進む＝「驀進せよ」で「我道驀進」。「驀進」に関しては、同郷の先輩の武藤敬司さんが1995年にIWGPヘビー級のベルトを取ったときに、リング上で「驀進します！」と叫んだときに覚えた言葉だった。それまで散々、悩んでいたのに、お墓参りの帰り道に自然と言葉と言葉が合わさり、オリジナルの四字熟語が完成した。きっと悩んでいる俺を見かねて、祖父がアドバイスをくれたんじゃないかなと思っている。

自分の道を突き進む、という考えは子どもの頃から植えつけられたものでもあった。第1章でも書いたが、俺は生まれた直後に酸欠状態のチアノーゼが続き、命を落としかけた。奇跡的な回復で一命は取り留めたものの、小さい頃は悪さをするたびに母親から「そんな悪いことをしていると、いつまた病気が出てくるかわからないよ」と脅しのように言われ続けていた。自分はいつ死ぬかわからないと思ったら、子どもの頃はたまに夜中に考え込んで不安になることもあった。同時に幼いながらも「悔いのない人生を生きるために、好きなことをやろう」とも思った。

プロレスラーになると決めたこと、東京に出て来て浜口道場の門を叩いたこと、そして闘龍門に入門して夢を叶え、新日本に移籍してIWGP世界ヘビーを取ったこと。すべては自分の生き方を貫いて、突き進んだ末の結果だ。俺は常に自分らしく生きてきたし、これからも名前の通りに信念と覚悟を持って突き進むという軸は変わらない。「我道驀進」も、悪くすると自己中心的とも捉えられかねない。紙一重ではあるが、自己中心的にはならないように、自分の道を突き進みながら周囲からも評価されるような人間を目指していきたい。

引退に関しては、いまはまだ考えるようなことはない。キャリアはあくまでも時間の経過を示しているだけであり、いまはとにかく自分に言い訳をせずにプロレスラーとして生きていきたいと思っている。長州さんは44歳のときに『G1 CLIMAX』で優勝し、天龍さんは49歳でIWGPヘビー級王座を獲得した。師匠の浜口さんもいまだに元気ハツラツだ。そんな先輩方を見たら年齢もただの数字だなと思うし、しっかりとコンディションを整えて、「ベテランだから」などと妥協することなく走り続けたい。

仮に引退を考えるときが来るとすれば、受け身が取れなくなって、相手を担ぎ上げられなくなったり、衰えを感じたときかな。いつか肉体的にキツくなってきたらそういうときが来るかもしれないけど、さっきも書いたようにいまは引退を考えることはないし、ゴールを定めるようなこともない。受け身が取れて、パンピングボンバーが打てる限りはリングに上がり続けるし、なによりプロレスを20年やってきて、まったく腹いっぱいになっていない。腹七分？　腹八分？　いやいや、やっと半分を超えたぐらいだよ。次々に食べたいものが出てきて、まだまだ食い足りない。やりたいこと、成し遂げたいことはたくさんある。

今回こうして自伝という形で自分の歩みを振り返ったけど、一つ言えるのはヒマな人生ではなかったんだなっていうことかな。自分自身、ここまで駆け抜けてきてあっという間と言えばあっという間だったたし、これが仮に退屈な人生だったら長く感じたと思う。あらためていろいろなことがあったなって思うし、きっとこれからもいろいろなことがあるんだと思う。この先にどんなことが待ち受けているのか本当に楽しみだよ。

プロレスラーとしての自分の軸はブレることなく貫いていきたいし、25周年、30周年とキャリアを積み重ねていけるように、これからも我道驀進、我が道を突き進んで行こうと思っている。昇り龍のように一心不乱にテッペンを目指していく姿勢は、プロレスラーとして、そして一人の人間として変わることはない。

鷹木信悟（たかぎ・しんご）

1982年11月21日、山梨県中央市出身。178cm、100kg。アニマル浜口ジムを経て、2004年10月、ドラゴンゲートでデビュー。オープン・ザ・ドリームゲート王座を4度獲得するなど、団体トップとして活躍。18年10月に退団後、新日本プロレスに戦場を移し、人気ユニット「ロス・インゴベルナブレス・デ・ハポン」に加入。IWGPジュニアタッグ王座、NEVER無差別級6人タッグ王座、NEVER無差別級王座などを獲得したのち、21年6月にIWGP世界ヘビー級王座に上り詰める。同年の『プロレス大賞』MVPも受賞。武骨でパワフルな肉弾ファイトと饒舌なトークを武器に、新日本プロレスのトップ戦線で活躍中。得意技は、ラスト・オブ・ザ・ドラゴン、パンピングボンバー、MADE IN JAPAN

鷹木信悟自伝《たかぎしんごじでん》　我道驀進《がどうばくしん》

2025年2月28日　第1版第1刷発行

著　者　鷹木信悟《たかぎしんご》
発行人　池田哲雄
発行所　株式会社ベースボール・マガジン社
〒103-8482 東京都中央区日本橋浜町2-61-9　TIE浜町ビル
電話　03-5643-3930（販売部）
03-5643-3885（出版部）
振替口座 00180-6-46620
https://www.bbm-japan.com/

印刷・製本　共同印刷株式会社

Printed in Japan
ISBN978-4-583-11736-2　C0075